# 优秀保险人是如何炼成的

## 保险销售实训进阶课堂

YOUXIU BAOXIANREN
SHI RUHE LIANCHENGDE



邓　左　编著

SPM
南方出版传媒
广东经济出版社
·广州·

**图书在版编目（CIP）数据**

优秀保险人是如何炼成的/邓左编著. —广州：广东经济出版社，2019.3

ISBN 978－7－5454－6371－2

Ⅰ.①优… Ⅱ.①邓… Ⅲ.①保险业务－销售 Ⅳ.①F840.4

中国版本图书馆CIP数据核字（2018）第195177号

出 版 人：李 鹏
责任编辑：李惠玉 程梦菲
责任技编：谢 莹
封面设计：李康道

优秀保险人是如何炼成的
YOUXIU BAOXIANREN SHI RUHE LIANCHENGDE

| | |
|---|---|
| 出版发行 | 广东经济出版社（广州市环市东路水荫路11号11～12楼） |
| 经销 | 全国新华书店 |
| 印刷 | 佛山市浩文彩色印刷有限公司<br>（南海区狮山科技工业园A区兴旺路6号） |
| 开本 | 787毫米×1092毫米 1/16 |
| 印张 | 16.75 |
| 字数 | 250 000字 |
| 版次 | 2019年3月第1版 |
| 印次 | 2019年3月第1次 |
| 印数 | 1～5 000册 |
| 书号 | ISBN 978－7－5454－6371－2 |
| 定价 | 45.00元 |

如发现印装质量问题，影响阅读，请与承印厂联系调换。
发行部地址：广州市环市东路水荫路11号11楼
电话：（020）38306055 邮政编码：510075
邮购地址：广州市环市东路水荫路11号11楼
电话：（020）37601950 营销网址：http://www.gebook.com
广东经济出版社新浪官方微博：http://e.weibo.com/gebook
广东经济出版社常年法律顾问：胡志海律师

# 前 言
Preface

当前我国保险业正处于快速增长期。居民在收入水平提升后对健康与安全有了更高要求；城市化、老龄化激发了旺盛的市场需求；政府多项财政税收政策对保险业的健康发展也给予了巨大的支持；互联网金融、大数据、云计算、区块链等科技创新为保险业的快速发展带来了巨大的机遇。同时，我国保险业也面临着大而不强、保险从业人员多而不专、部分险种保障功能弱化、保险产品同质化等问题。

近年来保险业颇受关注，很多知名企业如万达、阿里巴巴、腾讯、京东、复兴、恒大等纷纷投资保险业，审批新成立保险公司的速度也在加快。有的企业确实在保险业务开展方面具有一定的优势：银行、邮局、汽车4S店具有客户资源丰富、物理网点多等优势；电子商务平台具有用户流量大、拥有大数据等优势；大型实业企业集团自身可参保资源多；房地产、金融投资领域的企业拥有资产配置和投资增值等专业能力。

保险业的发展壮大，总是与“人”息息相关。一方面，保险业需要数以亿计的家庭和个人参与其中；另一方面，还需要一大批真正能够扛起这个行业发展大旗的保险人加入其中。无论机械化水平提高到何种程度，专业的保险人永远无法被机器人所代替。

“分享成功、复制成功”是保险业显著的行业氛围，因此，这个行业对典型、标杆的需求非常旺盛。每一个优秀的保险人，一定会有属于其特有的精彩、励志故事，他们就是同行学习最好的样板。

如何做好保险？如何为你的客户提供更多的优质服务？怎样打造优秀的保险团队？这就需要我们不断地学习、修炼和提升自己的专业化销售管理技能。

本书从保险销售成功的黄金法则导入，分十个章节由浅到深地进行了详细的解读。具体包括：“展现专业，突显自己的优势”“主动出击，开拓身边的准客户”“接洽拜访，激发客户的兴趣”“因人而异，设计保险计划书”“有效沟通，打开客户的心门”“化解拒绝，发掘客户的痛点”“处理异议，打消客户的疑虑”“因势利导，促成客户成交”“做好售后，赢得客户的信任”“融入团队，成就自己的利器”。

本书内容全面、条理清晰、图文并茂、浅显易懂，有很强的针对性和实用性，既可以作为保险机构及保险类培训机构的培训用书，又可以作为保险代理人、保险经纪人和新入职的保险从业人员自学使用，可增强保险服务意识，提高在保险营销过程中与客户沟通交流的能力。

2019年2月

# 目 录
## Contents

# 导读　保险销售成功的黄金法则

## 情景导入

小郑是××保险公司的代理人，鉴于他平时的工作表现，公司为了培养储备干部，让他报名参加由××省保险行业协会组织的第一期销售培训课。

“大家好，我叫邓××，是这次负责给大家培训的老师，在本次的培训中，将由我和大家共同探讨学习。如果不介意，就请叫我‘邓老师’吧！在座的各位都是各公司的销售精英，今天很荣幸能与各位分享与交流有关保险销售方面的知识。”邓老师做了简单的自我介绍。

“好了，现在轮到各位做自我介绍了！请大家放松，相信通过这几天的学习，我们彼此都会成为好朋友，所以不必拘谨。”邓老师说道。

“好的，请第三排穿白衬衣的帅哥做一下自我介绍，大家欢迎！”有一位学员举了手，邓老师便让他做自我介绍。

“大家好，很高兴认识各位！我叫王××，来自人保××分公司，以后大家就叫我‘小王’吧。希望通过这几天的学习，我们都能成为好朋友！”学员小王开了一个很好的头。

“我叫马××，很高兴认识大家，我是中国平安人寿保险××区的代理人，大家就叫我‘小马’吧。”学员小马的自我介绍言简意赅。

……

大家纷纷做完了自我介绍。

“好，经过简单的介绍，相信大家互相之间已经有了一个基本的印象。接下来，我想问大家一个问题：同样从事保险业务的人，为什么有的人在较短时间内就沉没消失，而有的人则较快走向成功，创造出辉煌业绩呢？”邓老师说道。

听到邓老师的提问，刚入保险行业的小文脱口而出：“我觉得人脉广、客户资源多，就能接到更多的订单。”

工作了一年的小陆想了想，说：“我觉得要有丰富的营销知识和技巧才能成功。”

小王说：“我觉得要有好的口才才能说服客户签单。”

……

大家纷纷表达了自己的看法。

“好，非常好！各位说得都没错。凡是加入保险营销队伍的伙伴，都渴望学到保险营销知识，掌握营销技巧，把经营的产品顺利推销出去，创造出辉煌的业绩，成为保险营销顶级高手，实现自身价值。但是，许多伙伴由于没有掌握工作的要领，在保险营销市场上历经坎坷，摸爬滚打一阵子后就被波涛汹涌的市场大潮所淹没，最终被淘汰出局。而那些成功人士则掌握了营销的黄金法则。那么，保险营销的成功法则是什么呢？下面我们进入今天的正题，讲讲保险销售成功的黄金法则。”邓老师说道。

**备注：人物简介**

**邓老师：**邓老师是保险行业内知名的培训讲师。邓老师对课程的设计很合理，他凭借着扎实的理论知识和丰富的实践经验，并将亲身经历作为案例进行讲解，给予学员良好的学习体验，课堂氛围活跃而紧张有序。

**小郑：**小郑是××保险公司的代理人，公司有意将他作为储备干部进行培养，因此让他报名参加由××省保险行业协会组织的第一期销售培训课。

**其他人员：**在本书情景导入中的小王、小马、小文、小陆等均为参加本次培训的保险代理人。

## 一、良好的心态

保险是一项集千家之福、解一家之难的事业。在保险营销的道路上虽有风风雨雨、浪涛起伏，但是，由于它是一项用爱心播洒阳光的事业，因此保险代理人并不是单纯为生存而拼搏。要想成为一名合格的代理人，就要用宽阔的胸怀、大爱无疆的心态，顺势而为、乘势而上。

当前保险经营主题增加、市场竞争加剧、营销压力加大、困难逐渐增多，一个客户往往被几个代理人盯着，营销触礁搁浅屡见不鲜。如果代理人不能正确调整心态，正确面对挑战和挫折，那将一事无成。

首先，保险代理人要勇于挑战自我，增强战胜困难的决心和信心，正确认识保险营销，认识到营销既是锻炼意志的战场，又是施展才华的舞台。

其次，每个保险代理人在遇到困难和挫折时都要不断思考，是自己选择的销售方式不对、时间及场合不合适、险种不对路，还是服务用语不恰当？要找出问题的症结所在，对症下药，不断完善自己的工作方法，调整工作思路，以不达目的不罢休的决心去奋斗，最终一定能到达理想的彼岸。

## 二、专业的素养

保险营销是一项专业性很强的工作，具有广泛的社会性。因此，保险代理人应具有较高的专业素质，如下图所示。

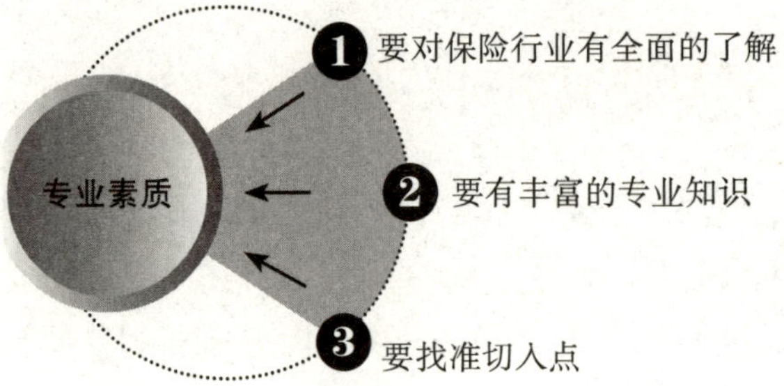


保险代理人应具有的专业素质

### 1. 要对保险行业有全面的了解

应对保险的含义、作用及各类保险险种条款有全面的了解和深刻的认识。只有这样，才能深入浅出地讲解客户投保产品的内容，使客户怦然心动。否则，将会影响展业效果。

### 2. 要有丰富的专业知识

由于保险营销牵涉多门类、多学科，与金融、证券、法律、医学、投资理财等有直接的联系，因此，只有掌握了各领域的知识，才能和各个层次的客户广泛接触、真诚交流，达成共识。

### 3. 要找准切入点

保险代理人一定要对客户的情况了如指掌，要用逻辑思维推断客户在想什么、需要解决哪些问题。然后，因人制宜，对症下药，如此定能取得事半功倍的效果。

比如，对农民一般推荐养老险、少儿险、婚嫁险；运输业从业人员与民营企业主在工作中均面临着一定风险，获取经营和人身风险的保障是必不可少的，对其应主推理财型、意外型险种；机关事业单位的公务员以投资、分红、保障三位一体的险种推介为主。

## 三、全身心的投入

付出总有回报，耕耘必有收获。保险代理人的经营业绩与付出的劳动是成正比的。因此，保险代理人在展业时，要把增加投入看作成功道路上必不可少的重要手段。这种投入主要是下图所示的三个方面。

全身心的投入

### 1. 精力投入

既然选择了保险营销，就应该把精力和时间都倾注其中，决不能视主业为副业，三天打鱼，两天晒网。

### 2. 智力投入

保险代理人要不断加强学习，努力丰富自己的知识，不但要在政策、经济、经营管理等方面下功夫，更要加强对保险营销知识的学习，多请教资深营销专家，多阅读杂志、报纸，多与同行交谈。

### 3. 体力投入

俗话说，勤能补拙。保险代理人要坚持不懈地做到腿勤、口勤、手勤，每天至少拜访5位以上的客户才能有较好的客户积累，才能有良好的经营业绩，才能在保险营销的道路上成为出类拔萃的营销尖兵。

比如，日本“推销之神”原一平的拜访方法是，选择区域后，不限地点，每天拜访15家，然后回家。第二天，从第16家开始，访问到第30家。第三天，从第31家开始，访问到第45家。第四天再回头拜访第一天所拜访的15家。他就这样不厌其烦，循环往复，螺旋式推销，最终成为“推销之神”。

据调查，陌生拜访成功率一般是10%，也就是说，保险代理员必须以“勤”为先，每天像运动员那样不断地冲刺，如此营销业绩才能持续攀升。

## 四、广泛的朋友

美国著名的推销员巴罗说，最好的推销方法就是多认识一些人。当然，你要用热情与坦诚去与他们交往，要尽一切可能多结识人，广泛地与社会各界人士往来交流，以打开社交局面。

代理人要想成功社交，必须熟练掌握社交礼仪。要多参加亲朋好友组织的活动，从中结识更多的朋友，以获取有价值的信息。

有条件的保险代理人可以参加单位组织的座谈会、联谊会、展览会、技术交流会以及参观、考察、旅游等活动。

在社交活动中要以“至诚为道，至仁为德”为准则，帮助周围的人解决工作、生活、学习等方面的难题，不断扩充朋友圈，发展新客户，创造新业绩，攀登新高峰。

## 五、温馨的话术

人们常说：“良言一句三冬暖，恶语伤人六月寒。”保险代理人的语言艺术相当重要。掌握了恰当的营销话术，必将起到事半功倍的效果。那么，作为现代保险代理人，应当掌握哪些营销话术？

据专业人士分析总结，营销话术主要分为下页图所示的四个方面。

**应掌握的营销话术**

### 1. 情感话术

保险代理人与客户交谈时，要适当运用微笑，语气要平缓，对长者要按辈份用语称呼，如叔、伯、大爷、大娘等，让人有亲近感。

### 2. 恭维话术

保险代理人到客户家中，要善于观察。要在短时间内抓住客户的特点，适当地夸奖。但要把握分寸，不要做不切实际的夸奖。要根据不同行业的特点，抓住某个人、某件事物的特征，采取机动、灵活的方式。

### 3. 迂回话术

当你与客户面谈陷入僵局时，不妨采取“曲径通幽”的办法，投其所好地调换话题，使场面由冷变热，以防客户下逐客令，造成下次难见面。

### 4. 强调话术

当你与客户交谈到关键之处，但没有引起客户的重视时，可用重复语句强调。

比如：“这张保单签了后，您将有了财富积累，可以提高您自身的价值，保障您及家庭以后的幸福。”这样就使客户感到自己不只是签了一份保单，更重要的是为以后的兴家立业提供了保障。

第一章

# 展现专业，突显自己的优势

## 情景导入

邓老师："经过上一次的开堂课，相信大家对保险销售有了一个感性认识。现在，我们正式开始本次培训的第一课——展现专业，突显自己的优势。"

"首先，请大家换位思考一下，如果你是顾客，当有一位保险代理人向你推销保险产品时，如果他连保险产品的基本构成都不明白，保险行业的专业术语也解释不清楚，这时，你还会相信这位保险代理人吗？你还会购买他推销的保险产品吗？"邓老师继续说道。

此时，下面议论开了。

小王首先说："如果真有这样的代理人来向我推销保险，我肯定是不会相信他的。"

小马接着说："我也不会相信他，更不用说购买他推荐的保险产品了。"

小陆也说："这样的保险代理人也太不专业了吧，连这些都不懂，怎么能做保险代理人呢？"

小文说："记得我有一次去买面膜时，看中了某一品牌一款新出的面膜，我只是对于其中的一项成分'果酸'不是很了解，就问销售员，可销售员支支吾吾了半天也没给我解释清楚，于是，我也就放弃了购买这款面膜的计划，转而挑选其他的品牌了。其实，当时只要那位销售员能简单给我介绍一下什么是'果酸'，我也就会购买了。所以我觉得，对销售员来说，如果你不够专业，就不会让人信服，你就打不开销售的大门。"

……

听到大家的议论，邓老师笑着说："的确，不够专业的保险代理人是得不到客户认可的，更不用说成功推销保险了。俗话说得好，术业有专攻，对于保险代理人来说，首先，你得有过硬的专业知识，介绍起产品来头头是道，这样客户才能因为你的专业而认可你；其次，你还要有得体的专业形象，符合保险代理人的身份，让客户欣赏你；最后，你还应有优良的专业素质，对各种类型的客户都能应付自如，这样，你才达到了成为优秀保险人的基本要求。”

“下面，我们就一起来看看保险代理人需要掌握哪些专业知识，如何塑造专业的形象以及怎样提升专业素质吧！”邓老师接着说。

# 掌握专业知识

培训师的话

正所谓万丈高楼平地起，要想成为一名优秀保险人，必须对保险销售基础知识有一个准确认识，如保险产品分类、特点、构成要素，保险常用术语以及保险代理合同，等等。学习这些基本知识是成为一名优秀保险人的第一步，也是不可跳过的一步。

## 一、保险产品的特点

每一件商品都有其独特的特点，保险也不例外。作为销售保险的业务人员，必须了解你所销售的保险产品的特点。

保险产品的重要作用之一是满足消费者保障与补偿的心理需要。保险产品和其他产品相比，所具有的特点如下页图所示。

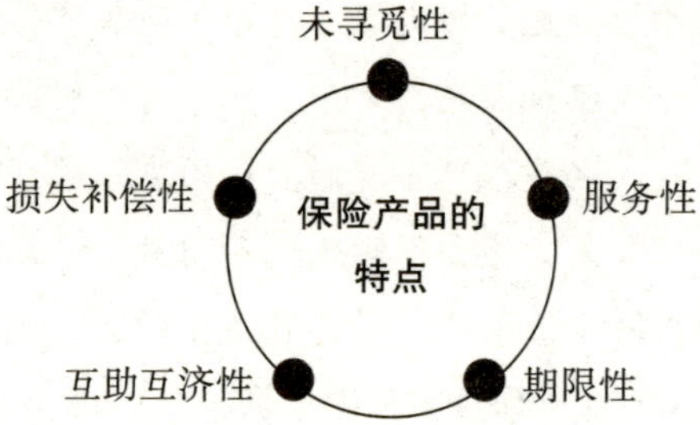


保险产品的特点

### 1. 未寻觅性

未寻觅性是指消费者不知道或即便知道也不会主动考虑购买。保险产品在很大程度上与死亡、疾病、伤残等危害性事故相关联，很多人往往不会主动考虑或不愿意考虑购买保险产品，所以，保险产品在很大程度上属于未寻觅产品。

### 2. 服务性

保险产品表面上看只是一份保险合同，即保险人和投保人通过缴纳保险金和签订合约形成的某种契约。事实上，他们之间的关系在签订合同时才刚刚开始，保险人在接受了投保人的投保后，便开始对投保人承担一切责任和服务。

**七巧板**

保险产品不同于其他有形的产品，它是一种服务性的产品，是一种建立在契约基础上的相互信任。

### 3. 期限性

保险产品与储蓄一样都有明显的期限性，但两者有着明显的区别，储蓄在原则上可以由存款人随时无条件地提取，而保险产品所支付的保险费原则上不可以由个人自由提取。保险产品的期限一般都在一年以上，也可能是几年甚至几十年，如人寿保险。

### 4. 互助互济性

保险产品由许多人共同参加，通过交付保险费建立保险基金，帮助解决少数人因遭受灾害和意外事故而产生的困难。所有参加保险的人，既可能是接受别人帮助的人，也可能是帮助别人的人。保险产品是一种通过聚集社会上的闲散资金，实现互助互济的产品。

### 5. 损失补偿性

损失补偿性是保险产品与其他产品的根本区别，保险产品能够在被保险人发生合同范围内的损失时，按合同规定支付一定的经济补偿。一般保险合同所承担的保险责任，都能保证被保险人在遭受保险事故后，得以恢复正常生活。因此，保险产品是一种损失补偿性产品。

## 二、保险产品的分类

保险是以契约的形式确立投保人和保险人双方的经济关系，以缴纳保费建立起来的保险基金，对保险合同规定范围内的灾害事故所造成的损失进行经济补偿或给付的一种经济形式。优秀的保险产品是能满足人们减少风险和转移风险的需求，让人们在必要时能得到一定的经济补偿的承诺性组合。

优秀的保险代理人必须从零开始了解保险产品的分类。保险产品按照保险标的可划分为下图所示的四种类型。

保险产品的分类

### 1. 人身保险

人身保险以人的身体或生命为保险标的，以年老、伤残、疾病、死亡等人身危险为保险事故，如被保险人在保险期间发生保险合同范围内的保险事故，保险人依照保险合同的相关条款，向被保险人或受益人支付保险金。

### 2. 财产保险

财产保险是以财产或相关利益为保险标的的保险产品。投保人按照合同约定向保险人支付保险费后，保险人对投保人因自然灾害或意外事故导致的损失承担经济赔偿责任。财产保险又分为广义的财产保险和狭义的财产保险，如下图所示。

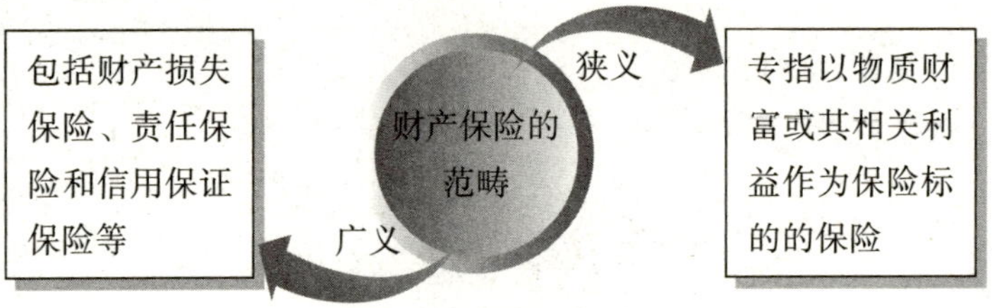


财产保险的范畴

### 3. 责任保险

责任保险是以被保险人对第三者依法应承担的损害赔偿责任为保险标的的保险产品。投保人为避免因事故发生而造成的任何风险必须赔付时，与保险公司订立保险合同，由保险人代为赔偿责任损失。

责任保险承保的具体内容是：法人或者自然人，在进行业务活动或日常生活中可能因疏忽、过失等行为致使他人遭受损害，并因此负有民事赔偿责任，从而造成自身经济上的损失。

### 4. 信用保证保险

信用保证保险是以信用风险为保险标的，以被保险人的信用风险为保险事故，即当被保险人的信用风险致使被保险人遭受经济损失时，保险人按照合同约定，在被保险人不能履约赔偿的情况下承担赔偿责任的一种保险。

## 三、保险产品的构成

作为保险代理人，必须准确了解保险产品的构成要素，以便向客户全面地介绍产品的准确信息。一般来说，保险产品的构成要素如下图所示。

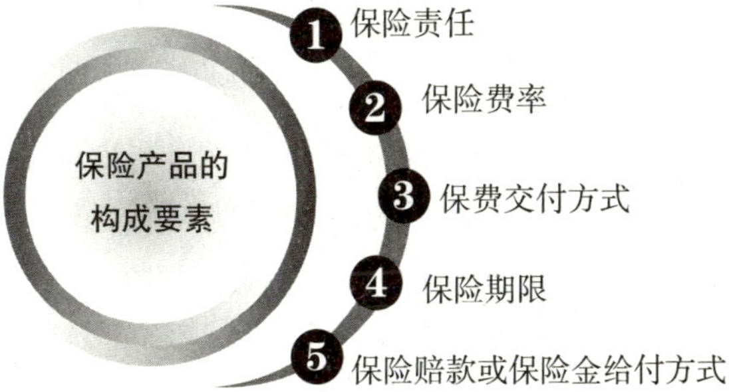


保险产品的构成要素

### 1. 保险责任

保险责任是指保险人所承担责任的风险范围，即保险产品中约定的风险发生后，保险人承担赔偿或者给付保险金的责任。在保险责任中还包括除外责任，即保险人不负赔偿或者给付保险金的责任。

### 2. 保险费率

保险费是投保人向保险人缴纳的费用，是保险人承担保险责任的报酬。保险费率是指保险金额中保险人应收取的保险费。在保险实务中，保险费率通常是以千分数来表示的。

七巧板

保险费率是依据保险标的的风险程度、损失概率、保险责任范围、保险期限和保险人的经营管理费用等因素来综合考虑并确定的。

### 3. 保费交付方式

保险费的交付方式可分为一次交纳和分期交纳两种方式，在合同成立时投保人一次交清为趸缴。

### 4. 保险期限

保险期限是保险责任从开始到终止的有效期间，也就是保险人对保险标的承担保险责任的时间范围。保险期限是保险产品的重要内容，也是确定保险事故的重要依据。通常人寿保险产品的保险期限较长，财产保险产品的保险期限较短，一般为一年。在投保过程中，如果保险人允许续保，则投保人可在前一张保单期满后继续交纳保险费，并规定续保期限。

### 5. 保险赔款或保险金给付方式

被保险人在保险有效期内发生保险责任范围内的损失或事故时，保险人要按照合同的约定向被保险人或受益人支付保险赔款或保险金。领取保险赔款或保险金的主要区别在于是财险还是寿险的领取。财产保险可以一次性领取保险赔款。

## 四、常用的保险术语

作为保险代理人，对于保险术语的使用一定要熟练并准确。这是一项必备的基础素质，应好好掌握，以免由于失误带来一些不必要的麻烦。常用的保险术语如下表所示。

**常用的保险术语**

| 序号 | 术语 | 术语解释 |
|---|---|---|
| 1 | 保险人 | 指与投保人订立保险合同，并承担赔偿或者给付保险金责任的保险公司 |
| 2 | 投保人 | 指与保险人订立保险合同，并按照保险合同约定负有支付保险费义务的人 |
| 3 | 被保险人 | 指身体或生命受保险合同保障，享有保险金请求权的人 |
| 4 | 受益人 | 指人身保险合同中由被保险人或者投保人指定的享有保险金请求权的人 |
| 5 | 保险利益 | 又称“可保利益”，指投保人或者被保险人对保险标的具有的法律上承认的利益 |
| 6 | 保险费 | 简称“保费”，指投保人交付保险公司的钱 |
| 7 | 保险金 | 指保险事故发生后被保险人或受益人从保险公司领取的钱 |
| 8 | 保险金额 | 简称“保额”，指保险公司承担赔偿或者给付保险金责任的最高限额 |
| 9 | 保险单 | 简称“保单”，指保险公司给投保人的凭证，证明保险合同的成立及内容。保单上写有参加保险的种类、时间、保险金额、保险费、保险期限等保险合同的主要内容，是一种具有法律效力的文件 |
| 10 | 保险责任 | 指保险公司承担赔偿或者给付保险金责任的项目 |
| 11 | 除外责任 | 指保险公司不予理赔的项目，如违法行为或故意行为导致的事故 |
| 12 | 主险与附加险 | 主险指可以单独投保的保险险种；附加险指不能单独投保，只能附加于主险投保的保险险种。主险因失效、解约或满期等原因效力终止或中止时，附加险效力也随之终止或中止 |

（续表）

| 序号 | 术语 | 术语解释 |
|---|---|---|
| 13 | 趸缴 | 是一种缴纳保费的方式，指所有保费一次性缴清 |
| 14 | 年交 | 是一种缴纳保费的方式，指每年交一次 |
| 15 | 现金价值 | 指保户在退保时可取回的现金。由于长期寿险通常采用均衡保险费，投保人缴费若干期后，将会形成一定的责任准备金，责任准备金是对被保险人的一种“负债”。因此，在解约退保时，退保人需将这部分“负债”返还给投保人。保单的现金价值正是以责任准备金为基础计算的。因投保初期投保人缴费少，保单成本摊销大，所以前期现金价值很低 |
| 16 | 保险期间 | 根据保险合同，保险公司在约定时间内对约定的保险事故负保险责任，这个约定的时间称为“保险期间”，也称“保障期”。不同的险种有不同的保险期间，如航空旅客人身意外伤害保险，其保险期间仅为一个航程，如果是终身寿险，保险期间则指被保险人的有生之年 |
| 17 | 缴费期 | 又称“供款期”，即在寿险合同中预先约定的投保人支付保险费的期间，按缴费方式的不同可分为一次性缴清（趸缴）、年交等不同方式 |
| 18 | 等待期 | 又称“观察期”或“免责期”，是指寿险合同在生效的指定时期内，即使发生保险事故，保险人也不能获得保险赔偿，这段时期称为“等待期”。设置等待期是为了防止投保人明知道将发生保险事故，而马上投保以获利的行为，也就是所谓的逆选择 |
| 19 | 承保 | 指保险公司接受保户的投保并签发保险单的行为 |
| 20 | 核保 | 指保险公司对保险对象的风险进行评估，决定是否接受保户的投保以及以什么条件来接受投保的过程 |
| 21 | 保险费自动垫交 | 指分期交付保险费的保单，在超过宽限期仍未交付保险费的，如本保单当时具有现金价值，且现金价值扣除欠交保险费及利息、借款及利息后的余额足以垫交到期应交保险费时，本公司将自动垫交该项欠交保险费，使本合同继续有效 |

（续表）

| 序号 | 术语 | 术语解释 |
|---|---|---|
| 22 | 减额交清 | 指在保单具有现金价值的情况下，投保人可以按本保单当时的现金价值将扣除欠交的保险费及利息、借款及利息后的余额，作为一次交清的全部保险费，以相同的合同条件减少保险金额，使本保单继续有效 |
| 23 | 保单借款 | 指在保单有效期内，如果本保单已具有现金价值，投保人可以书面形式向本公司申请借款，最高借款金额不得超过该保单当时的现金价值在扣除欠交保险费及利息、借款及利息后余额的70%，每次借款时间不得超过6个月 |
| 24 | 可转换权益 | 指在保单有效期内，投保人可于该保单生效满2年后任一年的生效对应日将该保单转换为本公司当时认可的终身保险，两全保险或养老保险则无须核保，但新保单的保险金额最高不超过原保单的保险金额，且在被保险人年满45周岁的生效对应日以后不再享有此项权益。转换后的新保单将于转换日开始生效，并将按原保单核保等级、转换之日被保险人的年龄及新保单的费率计算保险费 |

## 五、保险代理合同

作为一名保险代理人，与客户签订保险合同是关键的一步，关系着客户的切身利益，也影响着公司和自身的利益，所以必须清楚了解保险合同的相关信息。

保险合同是保险双方进行约定的证明，即被保险人向保险人支付保险费，保险人向被保险人提供保险及与保险相关的服务。在被保险人发生约定事件时，保险人承担经济损失补偿责任，或者当约定事件发生时，承担履行给付保险金额的义务。

保险合同是保险关系双方当事人之间订立的、在法律上具有约束力的一种协议，是平等主体即保险人与投保人之间为保障经济目的所设立的协议。

### 1. 签订保险合同的条件

作为一种经济合同，在签订保险合同时，依据法律规定必须具备下图所示的条件。

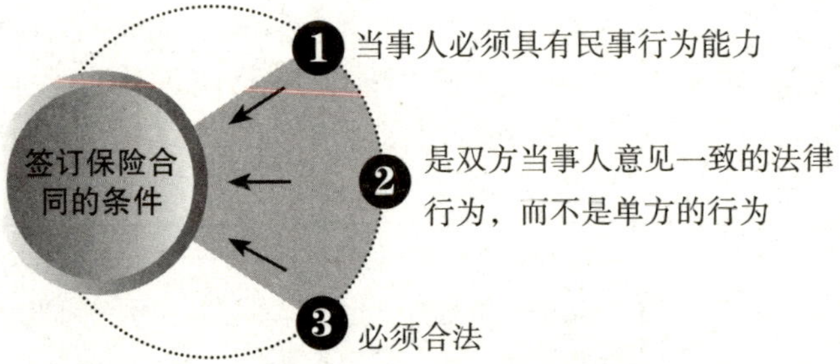


签订保险合同的条件

### 2. 保险合同的主体

保险合同的主体分为合同的当事人和合同的关系人。

### 3. 保险合同的客体

保险合同的客体指保险合同当事人权利及义务共同指向的对象。保险合同的客体既不是保险标的本身，也不是简单的给付行为，而是投保人对保险所具有的可保利益。

### 4. 保险合同的内容

《中华人民共和国保险法》规定，寿险合同应包括的内容有：保险人的名称和住所；投保人、被保险人以及人身保险的受益人的名称和住所；保险标的；保险责任和责任免除；保险期间和保险责任开始时间；保险金额；保险费以及支付方法；保险金赔偿或者给付方法；违约责任和争议处理；订立合同的年、月、日。

### 5. 保险合同的形式

（1）投保单。

投保单是保险人预先备制以供投保人提出保险请求时使用的格式文书，一般载明订立保险合同的必备条款，并列出一系列投保人在投保时应当如实告知保险人的注意事项，供保险人考虑是否同意承保。投保人如实填写投保单，经保险人签章承保后，构成保险合同的组成部分，是保险合同的书面形式。

（2）暂保单。

暂保单是在出立正式保险单或保险凭证之前出具的临时性的保险证明。暂保单通常只记载保险单中的被保险人、保险标的、保险金额、保险险种等重要事项以及保险单以外的特别约定。经保险人或保险代理人签章后，交付投保人。暂保单在保险单未签发前，与保险单具有同样的法律效力。

暂保单在出现如下图所示的情形时签发。

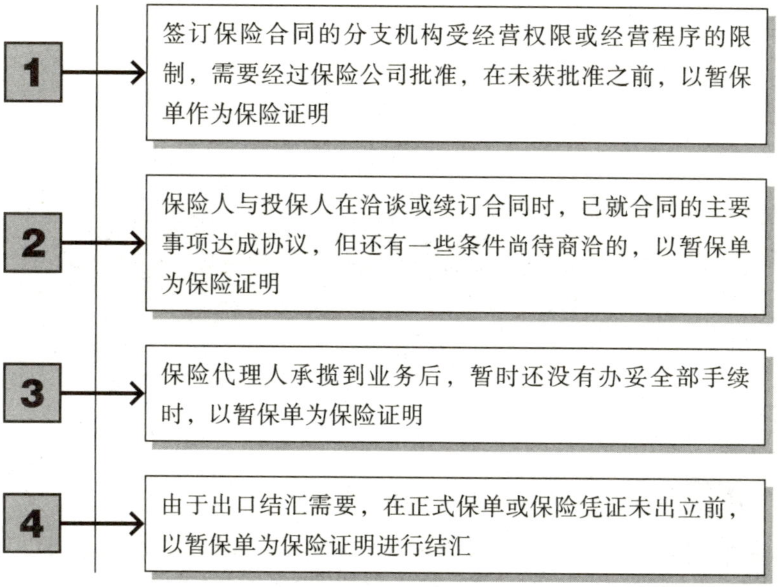


**暂保单签发的情形**

（3）保险单。

保险单是指通常所说的书面保险合同，是保险人和投保人之间订立保险合同的正式书面文件。保险单包括前述保险合同内容中的所有内容，是投保人与保险人履行权利及义务的依据，是保险合同中最重要的书面文件。

（4）保险凭证。

保险凭证又称“小保单”，指内容和格式简化的保险单。保险凭证不列明具体的保险条款，只记载投保人和保险人约定的主要保险内容。保险凭证所记载的内容，虽非保险合同的全部内容，但是却和保险合同具有相同的法律效力；保险凭证未列明的内容，以相应的保险单记载的内容为准。保险人向投保人签发保险凭证的，不再签发保险单。

保险凭证的使用范围较小。

比如，为了简化办证手续，保险公司与外贸公司合作，采用一种联合保险凭证，附印在外贸公司的发票上，当外贸公司制作发票时，保险凭证也随即办妥。

（5）批单。

批单是保险人应投保人或被保险人的要求出具的修订或更改保险单内容的证明文件。批单可以在原保险单或保险凭证上批注，也可另外出具一张变更合同内容的附贴便条。凡经批改过的内容，以批单为准，多次批改，应以最后批改为准。批单一经签发，就自动成为保险单的一个重要组成部分。

**拓展训练**

保险代理人除了应掌握上述专业知识外，还应具备哪些与专业相关的知识？

1. ______________________________

2. ______________________________

3. ______________________________

# 塑造专业形象

培训师的话

对每个人而言，形象就是自己的名片，一套搭配得当的服装加上文雅的举止往往能够给人以美好的第一印象，从而为以后更深入的交往打下基础。特别是保险代理人，需要不断约见客户，更应该注重仪表和形象。

## 一、仪表修饰

仪表是指一个人的外貌、外表，是人的外在特征和内在素质的有机统一，其中外在特征是由容貌、服饰打扮、言谈举止、卫生习惯等因素构成的。保险代理人的仪表修饰要恰如其分、自然大方，应做到下图所示的几点。

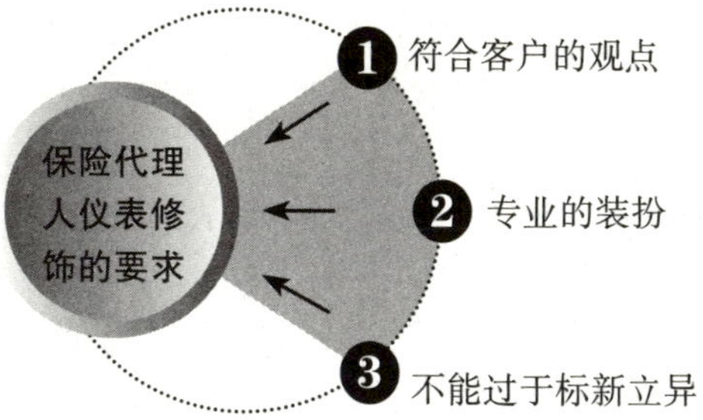


保险代理人仪表修饰的要求

### 1. 符合客户的观点

成功的保险代理人总能在了解到客户的心理特点之后，改变自己的形象，迎合客户的心理，使自己的形象为客户所接受。

### 2. 专业的装扮

要求保险代理人装扮整洁，着装能体现自己的职业特点，如男士应穿西装打领带，女士应穿职业装，给人以专业可信的印象。

### 3. 不能过于标新立异

保险代理人在与客户见面时不应穿奇装异服，必须用良好的着装去满足客户视觉上和心理上的要求，以合适的着装显示出保险代理人的身份，过于标新立异的着装只会让人敬而远之。

## 二、仪容修饰

外在的容貌虽不能决定一个人的成败，但却对其有很大影响。我们虽不能改变自己的容貌，但可以通过修饰和打扮适当改变，塑造良好的外在形象。

保险代理人经常要与各种各样的人交往，得体的穿着和必要的修饰是尊重客户的一种体现。如果一个衣衫不整、邋里邋遢的保险代理人来推销保险，即使他的水平再高、能力再强，也会给人留下不好的印象。

保险代理人仪容修饰的要领有三点，如下图所示。

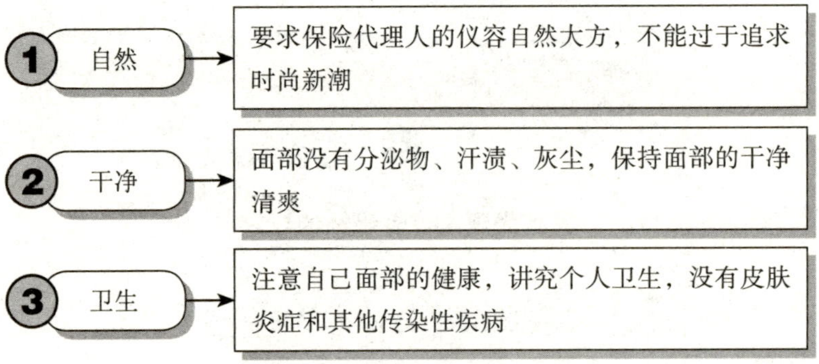


保险代理人仪容修饰的要领

## 三、着装原则

着装可以体现一个人的品位，也决定着给客户留下的第一印象如何。因此，要想成功地展开工作，必须遵循一定的着装原则。

### 1. 女性保险代理人着装原则

女性保险代理人的着装没有固定模式，有很大的选择空间，但应注意下图所示的问题。

**女性保险代理人着装原则**

（1）佩戴首饰应掌握分寸。

首饰可以起到装饰美化的作用，但在佩戴时，不宜过多、过于华丽；否则会引起他人的反感和嫉妒。

**七巧板**

女性保险代理人佩戴的首饰应质地精良、风格一致；以少为佳，符合规范。

（2）不宜过于男性化或过于柔弱。

过于男性化的女性保险代理人显得过于严肃和刚强，会让客户望而却步，容易引起客户的反感。同时，女性保险代理人在客户面前也不宜过于柔弱，那样会让客户对其丧失信心。

### 2. 男性保险代理人着装原则

（1）西装的穿着应得体。

男性保险代理人最正统的服装是西装，但穿西装要得体，如此才能显示出良好的风度。

（2）重视与女性客户见面时的穿着。

当要去与女性客户见面时，男性保险代理人的服装就显得更重要。因为异性的眼光总是最挑剔的，同时，异性之间的推销也更容易成功。

**比如，与中年成熟的女性见面时，男性保险代理人的服装就应稳重一点，颜色以深色为宜。**

相关链接

## 保险代理人的着装标准

保险代理人的着装可以参考美国著名时装设计师约翰·莫洛依所罗列的标准。

（1）应该身穿西装或轻便西装。

（2）不要去买品质低劣的衣服。因为穿这种衣服时，容易被当作推销失败的象征。

（3）衣服的颜色应尽量保持大方稳重。

（4）可以佩戴某种能代表公司的标志或者穿上一身与产品形象相符合的衣服，使客户相信保险代理人的言行。

（5）不要佩戴一些代表个人身份或宗教信仰的标志。

（6）不要佩戴太多的装饰品。

（7）可以携带一个大公文包。

（8）要带一支比较高级的圆珠笔、钢笔或铅笔和一本精致的笔记本。

（9）不要戴太阳镜或变色镜，只有让客户看到保险代理人的眼睛，才能使客户相信保险代理人的言行。

（10）绝对不要穿绿色的衣服，流行服装最好也不要穿。

（11）尽可能不脱去上装，以免削弱保险代理人的权威和威严。

## 四、形象检查

良好的形象可以增强人的自信，一点小小的印迹或许会损坏整体形象，因此出门前的形象检查是维持良好形象的保证。那么，在哪些细节上应多加注意呢？

### 1. 女性保险代理人的形象检查

女性保险代理人的形象检查应注意以下细节。

（1）服装样式与颜色以朴素为宜。注意服装是否干净，内外装搭配是否得当，夏装不可过于暴露。

（2）鞋子的颜色和样式是否太过华丽、是否干净。

（3）头发是否脏乱，有无头皮屑，发式是否过于复杂。

（4）丝带和发夹的式样、颜色是否太过华丽，长发有无翘起，刘海是否太长。

（5）不可浓妆艳抹，不要喷气味太浓、太怪的香水。

（6）裙子和背心的扣子是否扣好、是否有脱落，下摆是否露出来。

（7）指甲是否过长，指甲油的颜色是否太过艳丽。

（8）丝袜束紧的部分是否太松、是否有破损、颜色是否太过艳丽。

### 2. 男性保险代理人的形象检查

男性保险代理人的形象检查应注意以下细节。

（1）西装是否清洁、有无线头和污垢。

（2）胡子是否刮好，鬓角是否太长，头发是否凌乱，有无头皮屑。

（3）领口有无开裂处。

（4）皮鞋（绝对不可穿旅游鞋）是否打油擦亮，颜色与样式是否得体。

（5）袜子颜色和样式是否过于花哨，有没有臭味，袜子的顶端是否松开。

（6）衣服的扣子有没有掉。

（7）衬衫颜色和花样是否太华丽，领子和袖口有无污迹、有无开裂和弄皱的地方，与西装搭配是否得体。

（8）领带是否与西装、衬衫搭配得体，是否清洁。

（9）指甲是否过长，指甲内有无污垢。

## 五、优雅的举止

举止仪态是人的另一张名片，是一种无声的语言，反映了一个人的气质风度、礼貌修养。可以说，举止最能集中体现人的魅力，是个人修养的体现，它的最高境界是优雅。

### 1. 标准的站姿

在交际中，站立姿势是个人仪态的核心。如果站姿不够标准，其他姿势便根本谈不上优美。标准站姿的动作要领如下。

（1）身体舒展直立，重心线穿过脊柱，落在两腿中间，足弓稍偏向前，并尽量上提。

（2）精神饱满，面带微笑，双目平视，目光柔和有神，自然亲切。

（3）脖子伸直，头向上顶，下颚略回收。

（4）挺胸收腹，略为收臀。

站立时，既要遵守规范，又要避免僵硬，所以站立时要注意肌肉张弛的协调性。另外，要以基本站姿为基础，适时地变换姿态，追求动态美，同时站立时要面带微笑。

### 2. 文雅的坐姿

坐姿是一种可以维持较长时间的工作姿势，也是一种主要的休息姿势，更是人们在社交、娱乐中的主要身体姿势。良好的坐姿不仅有利于健康，而且能塑造沉着、稳重、文雅、端庄的个人形象。

标准坐姿的动作要领如下。

（1）精神饱满，表情自然，目光平视前方或注视交谈对象。

（2）身体端正舒展，重心垂直向下或稍向前倾，腰背挺直，臀部占椅子的2/3。

（3）双膝并拢或微微分开，双脚并齐。

（4）两手可自然放于腿上或椅子的扶手上。

### 3. 恰当的手势

手势是人际交往时不可缺少的动作，是最有表现力的体态语言。它可以加重语气，增强感染力。手势能辅助表情达意，又可以展示个性风度，在体态语言的大本营中，它是一个引人注目的角色。使用手势的要求如下图所示。

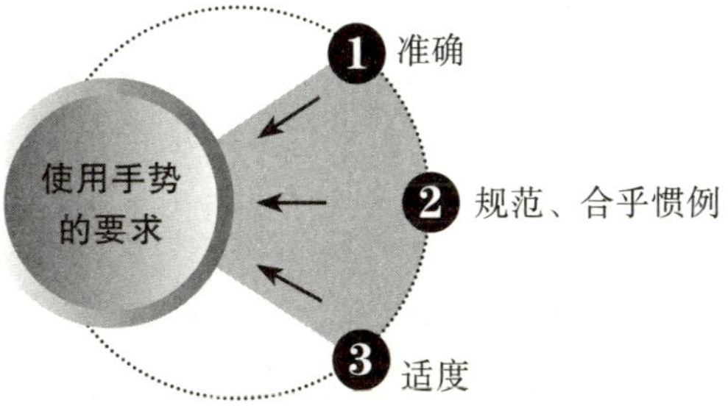


**使用手势的要求**

（1）准确。

在人际交往中，人们经常用手势传递各种信息和情感，为避免手势运用的混乱与理解的歧义，使对方能够明晰、准确、完整地理解自己的用意，应尽量准确使用手势。要用大家都明白的手势表达意思，使手势同口语表达的意思一致。

（2）规范、合乎惯例。

介绍的手势、指示方向的手势、请的手势、鼓掌的手势等，都有其约定俗成的动作和要求，不能乱加使用，以免产生误解，引起麻烦。

（3）适度。

手势在交际中的作用显而易见，但并非多多益善。相反，在使用时应有所节制，如果滥用手势，会使人反感。尤其是手势与口语、面部表情等不协调时，会给人一种装腔作势的感觉。

**七巧板**

在社交活动中，手势运用得自然、大方、得体，可使人感到既表意明晰又含蓄高雅。恰当地运用手势表情达意可为形象增辉。

## 4. 真诚的微笑

微笑的美在于文雅、适度、亲切、自然，符合礼仪规范。微笑要诚恳和发自内心，做到“诚于中而形于外”，切不可故作笑颜，假意奉承。

一般来说，微笑礼仪应做到“四要”，具体如下图所示。

1 → 要口、眼、鼻、眉、肌结合，做到真笑。发自内心的微笑会自然调动人的五官，使眼睛略眯、眉毛上扬、鼻翼张开、脸肌收拢、嘴角上翘

2 → 笑的时候要精神饱满、神采奕奕、亲切甜美

3 → 面带微笑、自然坦诚地与客户进行交流，你的热情、诚意才能为人所理解，并起到锦上添花的效果

4 → 要与仪表举止的美和谐一致，在外表上达到完美统一的效果

**微笑的“四要”**

## 六、得体的礼仪

作为保险代理人，每天会和不同的人打交道，处理各种事务，精通各种礼仪可为成功的交往打下良好的基础。

### 1. 打招呼礼仪

保险代理人见到客户的第一件事就是向客户打招呼。跟客户打招呼要注意什么呢？打招呼时，要根据客户的身份、年龄等特征，使用不同的称呼。另外，还要一一问候和客户在一起的其他人员，因为这些人往往是客户的亲属、朋友、同学或同事，这样较容易给客户留下一个良好的印象。

### 2. 握手礼仪

保险代理人在推销活动中，为了增进与客户间的友谊，必然要经常拜访客户，在与客户见面时，与之握手是必不可少的礼节之一。在与客户握手时也有一定的讲究，具体如下图所示。

1. 一般情况下，主动和客户握手，表示友好、感激和尊重
2. 握手时出手快常表示握手出于真诚、友好，乐意并重视发展双方的关系
3. 握手时脸的朝向一般为面对面正视，身体的弯度依对方的身高条件而定
4. 握手的力度指用力的大小，常表示感情的深浅程度
5. 与对方握手一般应走到对方的面前，彼此间的距离必须合适
6. 握手的时间一般以3～6秒为宜，关系密切时可稍长一些
7. 握手时，面部表情应为发自内心的喜悦和表达真诚的笑容

握手礼仪

### 3. 名片礼仪

保险代理人在呈递名片或接受客户的名片时应注意以下几点。

（1）呈递名片时身体要前倾，头略低，双手将名片送到客户的手中。

（2）呈递名片的同时要大声报出自己的名字，这可以降低客户的防备心理。

（3）客户回赠名片时同样要双手接回名片，并同时将名片大声朗读一遍，这是对客户应有的尊重和礼貌。

（4）读完名片后要将名片小心地放在名片夹里，千万不可拿在手中玩弄，也不可将它放置于下身裤兜里，更不可让名片遗失在桌面或地面。

### 4. 喝茶礼仪

喝茶是中国人的传统习惯。如果客户端出茶来招待，保险代理人应该起身并双手接过茶杯，并说声“谢谢”。喝茶时不应狂饮、出声或品评。

### 5. 吸烟礼仪

在推销过程中，保险代理人尽量不要吸烟。如果客户不吸烟，保险代理人不要当客户的面吸烟。如果知道客户会吸烟，保险代理人应注意吸烟方面的礼节。

（1）接近客户时，可以先递上一支烟。

（2）如果客户先拿出烟来招待保险代理人，保险代理人应赶快取出自己的香烟递给客户。如果来不及递烟，应起身双手接烟，并致谢。不吸烟的可婉言谢绝。

（3）应注意烟灰要抖在烟灰缸里，不可乱扔烟头。

（4）当正式面谈开始时，应立即灭掉香烟，倾听客户讲话。

### 6. 送礼品礼仪

保险代理人赠送礼品给客户的目的是表达祝贺、感谢等心意，在礼物挑选上应以物美价廉并具有一定的纪念意义或者具有公司特色的礼品为主。此外，赠送礼品还要考虑时间与场合及客户的习惯与禁忌。

**七巧板**

保险代理人要想成功推销保险产品，首先要成功推销自己，而推销自己的关键是要懂得推销礼仪。

**拓展训练**

作为一名优秀的保险代理人，要想给客户留下良好的印象，言行举止方面还有什么要注意的？

1. ______________________________

2. ______________________________

3. ______________________________

## 提升专业素质

**培训师的话**

在这个充满竞争的市场环境中，保险已不是一个独家经营的行业，人保、泰康、平安等众多公司要在竞争中求生存、求发展，仅仅有优质的保险产品是不够的，还需要优质的保险代理人将产品介绍给众多的需求者。在这个过程中，保险代理人的专业素质相当重要。

# 一、遵守职业道德

对于保险代理人来说，遵守职业道德至关重要。在保险销售活动中，给予客户的不仅是一份合同，更是一种承诺。这要求保险代理人必须遵守职业道德，具体如下图所示。

应遵守的职业道德

## 1. 要为客户保密

在保险业里，客户是自愿投保，因此要为客户保密。保险代理人连接着保险公司和投保人，因此，必须获得双方的信赖。保险代理人在接受保险公司和投保人的委托后应忠实地保守委托人的秘密，从而获得委托人的信赖。

在现实的保险推销活动中，体现保险代理人职业道德的一项重要内容就是为客户保守秘密，原因如下：

（1）在对客户进行初步核保的过程中，保险代理人详细掌握了客户的收入状况、身体状况、信誉状况等许多个人隐私，因此，保险代理人有义务为客户保密。

（2）在涉及保险标的、保险金额、人寿保险最高给付额和受益人等直接关系到投保人、被保险人及其受益人切身利益的问题时，应为客户保守秘密，这也是《中华人民共和国保险法》及一般商业行为要求保险代理人必须遵守的准则。

## 2. 要有诚信

诚信是保险业的“铁的法则”，对于保险代理人而言，诚实也是成为优秀保险代理人最起码的要求。

保险代理人对保户的诚信包括下图所示的内容。

1. 如实向保户介绍所在保险公司的情况和自身的情况
2. 如实向保户介绍公司各个险种，帮助保户客观评估其保险需求
3. 清楚全面地给保户讲述保单的构成与填写要求
4. 帮助保户全面了解他在投保后所享有的权利和要承担的义务
5. 如果保户要求，则客观地比较各家公司相类似的险种情况
6. 准确收取保户的保险费等

**保险代理人对保户诚信的表现**

## 3. 具有守信用的品质

优秀的保险代理人所必备的另一个重要品质就是守信用。对一名保险代理人来说，重承诺、守信用是做好保险推销的先决条件。

保险代理人对保户守信用表现在以下几个方面。

（1）保险代理人在推销的过程中，不要随便许诺。不该说的尽量不说，不能保证办到的尽量别答应。

（2）说出的话都应切实兑现。同客户约会，一定要守时，宁可早到也不可迟到或缺席。

（3）客户提出的问题应据实回答，不了解的应先查明再回复。

## 4. 真诚地为客户服务

成功的保险代理人的一切行动均围绕着客户进行，不论是售前、

售中、售后的贴心服务，还是以客户作为自己的行为导向，都很好地实践了“客户是上帝”这一信条。保险代理人与客户之间不是简单的推销与被推销的关系，而是相互依存的朋友关系。优秀的保险代理人能凭着周到的服务建立起牢不可破的客户网络。

要做到以上这些应遵守以下两个原则。

（1）不轻易否定客户。否定别人，就是否定自己。一味地否定别人只会错失许多成功的机会。

（2）不为自己找借口。找借口实际上就是否定自己的能力。

### 5. 具有敬业精神

保险代理人要具有高度的敬业精神，对保险销售工作要有高度的热忱和强烈的进取心。因为保险销售是一项艰苦的工作，困难重重，会碰到太多的挫折与失败，这些往往使人灰心丧气，对自己和工作都失去信心，意志消沉、一蹶不振。

**七巧板**

只有具备高度的敬业精神，才能充分发挥自己的聪明才智和创造力，勇敢面对所有的艰难险阻，不断开拓进取，最终实现自己的人生价值。

### 6. 具有专业精神

保险代理人的专业精神是指推销时专心致志，全心全意地投入工作中。只有具备了这种精神，不断地提高自己的推销技巧，不断吸收新知识，才能不管工作多么细小也全力以赴；才能以成果为第一要务，完成终极目标；才能不断自我激励，坚持到底。

## 二、展现性格魅力

保险代理人每天都要与不同的客户接触，如果具有良好的性格，就容易被客户信任，也将有利于保险代理人顺利进行自己的推销活动。

良好的性格和品质可以吸引人、感染人，作为保险代理人，必须具备以下几点性格魅力。

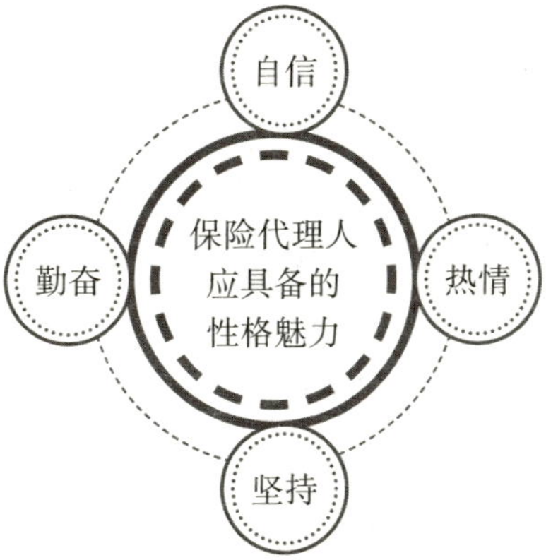


保险代理人应具备的性格魅力

### 1. 自信

自信是保险代理人必须具备的气质和态度。自信表露在与客户会谈时的言谈举止中，充满自信才能赢得客户的信任。客户绝不会向没有自信的保险代理人购买保险，因为那样的保险代理人无法让客户信任。

保险代理人的自信主要表现在以下几个方面。

（1）对自己推销的保险产品充满信心，相信自己推销的产品是最好的，也是客户所需要的；对自己的工作充满信心，对自己的销售技巧及经验充满信心。

（2）衣着整齐，挺胸抬头，笑容可掬，礼貌周到，对任何人都亲切有礼，细心应对。这是优秀的保险代理人自信的外在表现。

（3）当拜访客户遭到拒绝和嘲讽时，要依靠强大的自信沉着面对，不要流露出不满的情绪，依旧对客户以礼相待。

（4）推销失败时，不要灰心丧气，坚信下一次一定能够成功。

## 2. 热情

热情是成功的催化剂，热情使保险代理人精力充沛、信心百倍。要保持良好的工作热情，应做好以下工作。

（1）身体健康是产生热情的基础。一个人如果行动充满活力，他的精神也会充满活力。所以，保险代理人应每天一早起来做些体能活动，如柔软操、慢跑或骑脚踏车等，这些活动不但可以使自己更加健康，精力充沛，而且可以使自己对工作充满热情。

（2）在做一项工作前，先对自己进行一些精神激励，坚信自己一定能成功，并充满热情地实施自己的计划，努力去实现目标，从而获得最终的成功。

## 3. 坚持

要顺利签下一张保单，可能要经过保险代理人几次甚至几十次的努力才能最终取得成功。如果因为客户的拒绝而轻言放弃，不但自信心会大打折扣，而且会失去获得成功的机会。如果能坚持下去，对客户动之以情、晓之以理，或许能够打动客户，促成交易。

保险代理人成功的关键其实在于坚持，一次又一次坦然地承受失败，虽然被拒绝多次仍然不轻言放弃。

费城忠诚保险公司总裁华特·利玛·泰伯特先生曾经说过："从事保险这一行，总而言之有一个要求，那就是勤于拜访你的保户。"美国20世纪50年代杰出的保险推销员之一——富兰克·贝吉尔，就曾受到这句话的启发，连续20年荣获"全美年度五大推销员"的称号。

## 4. 勤奋

成功的保险代理人要做到勤奋，必须做到下页图所示的三点。

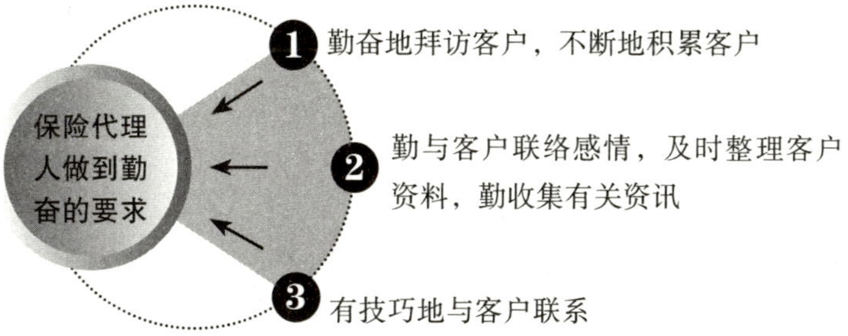


**保险代理人做到勤奋的要求**

只有勤奋，保险代理人才能建立自己的客户群，才能做好商谈前的各项准备，才能有的放矢，才能成功实现推销。

## 三、提高能力与素质

丰富的学识，良好的自我控制能力、社会交往能力以及观察能力，都是一个成功的保险代理人必须具备的能力与素质。

### 1. 学识

保险代理人除应具备保险的专业知识及推销技巧外，还必须具备下图所示的知识。

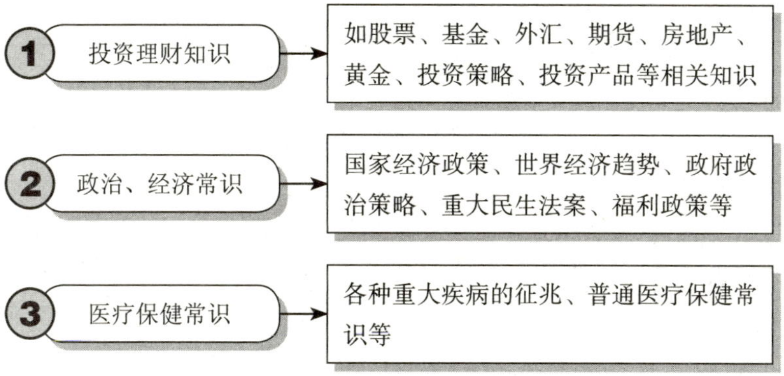

4 法律知识 → 如保险法规、税法、民法、理赔条款等相关知识

5 其他知识 → 如心理学、行为学、流行趋势、消费趋势、旅游、汽车、运动、文学、艺术、园艺等相关知识

**保险代理人应具备的知识**

## 2. 自我控制能力

自我控制能力是指自控、忍让的能力。保险代理人应拥有良好的自我控制能力，主要表现如下。

（1）控制怯场。

刚参加保险销售工作的人常会出现这种情况：在陌生人面前，尤其在人多的场合，因紧张害怕而不敢说话，或者说话时显得拘谨、不自然。

控制怯场有以下几种方法。

1 → 克服恐惧心理。没有人生来就是演说家，每个人都要面对艰难的“第一次”。克服恐惧心理后，就能从容面对

2 → 加强训练。抓住每次训练的机会，反复练习，多与别人交谈，多听别人交谈

3 → 每次发言前做好充分的准备。在谈话之前准备好可能涉及的内容，只要在大方向上有所准备，到时就不至于不敢说或说不下去

4 → 视而不见。就是在发言前，心中有听众，但在发言时，眼中不能有听众，一定要表达准确

**控制怯场的方法**

（2）控制发怒。

在推销保险的过程中，保险代理人会遇到各种各样的人，会碰到各种各样的事。

比如，有的客户态度粗暴，吹毛求疵，或是提出了毫无理由的苛刻条件。

此时保险代理人应沉着应对，冷静处理。这也是对保险代理人素质和自制能力的一个考验，因为发怒不仅会破坏沟通交流的气氛，而且还会使保险代理人头脑膨胀、思维紊乱、言辞不当，从而导致交易失败。

（3）控制惊喜。

惊喜是人们得到出乎意料的好消息或利益时，掩藏不住内心的兴奋而表露的一种极端情绪。

在和客户交谈时，惊喜会造成保险代理人情绪的巨大波动，既会导致其言辞不当，又会暴露其内心的意图，更会使客户反感。因此，保险代理人要使交谈活动顺利进行，就应具备对惊喜的控制能力，不管内心多么兴奋，都要保持冷静的头脑，淡然处之。

### 3. 社会交往能力

社会交往能力是每一个保险代理人必须具备的基本能力，是开拓客户的一个重要因素，是成功推销的前提条件。

在保险行业想要提高业绩，就必须拥有良好的人际关系，建立自己的关系网，并和客户保持良好的关系。社交能力是衡量一个保险代理人能否适应现代开放社会和做好本职工作的一条重要标准，保险代理人要善于与不同类型的客户打交道，并建立亲密关系。

### 4. 观察能力

人的任何行为表现都与内心活动有关联，是内心活动的一个侧面反映。因此，保险代理人应培养敏锐的观察能力，从客户的行为中发现客户的内心活动。

要提高观察能力，应从提高观察的效果入手，自身的知识、观察方式和目的等都是影响保险代理人观察效果的主要因素。

**拓展训练**

要和形形色色的客户打交道，保险代理人还应具备哪些能力？

1. ______________________________

2. ______________________________

3. ______________________________

第二章

# 主动出击，开拓身边的准客户

## 情景导入

邓老师："上一堂课我们讨论了作为保险代理人应掌握的专业知识、应如何塑造专业形象，以及如何提升专业素质等内容，这节课，我们主要来讲讲如何开拓准客户。"

"首先，我想问一下大家，你们认为开拓准客户重要吗？"邓老师问道。

"当然重要，没有准客户我找谁签单呢？没有准客户，我哪来的业绩呢？"小王抢先回答。

"不错，准客户是我们最大的资产，是保险代理人赖以生存并得以发展的根本。所以，保险代理人最主要的工作之一就是不断地累积准客户。开拓准客户是专业化推销环节中非常重要的一步，持续不断地开拓准客户是让我们的保险事业稳定健康发展的唯一方法。所以我们必须在准客户的开拓上花大力气。"邓老师说。

"我刚入行时，同事就向我说明了开拓准客户的重要性，事实上我也发现了，那些业绩好的同事，他们的客户资源非常多。"小文说道。

"看来小文是一个观察力很强的好同学！不错，不知大家发现没有，那些业绩不佳的保险代理人都有以下通病：拥有的潜在客户数量不多。

"这些保险代理人之所以手中的客户数量少，除了一部分胸无大志者因为懒惰而不愿意去开发客户之外，大部分的保险代理人是因为不知道怎样去开发新的客户。

"在你的业务生涯中，开发新的客户可能是最主要的工作，这项工作的重要性，可能与你谈判签约不相上下。

“只有找到准客户，你的其他本领才有用武之地，没有准客户，本领再强也是无米之炊。记住，准客户就在你身边。

“这节课，我们就来一起讨论如何开拓准客户。”邓老师说道。

# 寻找准客户

培训师的话

一个成功的代理人每天都会拨出专门的时间去拜访他的客户，让客户帮助自己开发准客户，所以他会越做越轻松，越做越有成就感。

## 一、寻找准客户的途径

任何一个保险代理人要想获得成功，都要从最基础的寻找准客户开始。所谓准客户，言下之意是指那些准备购买的客户，即那些符合客户的基本条件，只待成交的客户。对于保险代理人来说，寻找准客户的途径主要如下图所示。

寻找准客户的途径

### 1. 亲缘法

亲缘法是许多保险代理人首先采取的方法，它有利于保险代理人克服心理上、技巧上的困难，培养自信心，迅速建立业绩。在保险代理人身边能成为准客户的人有很多，亲缘法是选择自己的亲朋好友作为准客户。这些人包括亲戚、邻居、朋友、同学、校友、老师以及前公司的上司、同事、保户等。

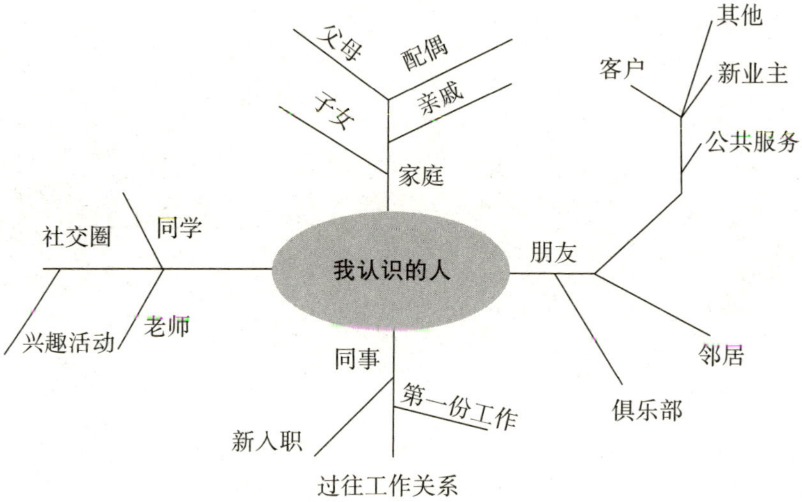


**客户来源**

亲缘法可以帮助保险代理人利用自身固有的人际关系，尽快建立业绩，培养自信心；熟悉业务，克服心理障碍；练习推销保险的操作技巧，这些技巧需要保险代理人通过实地演练才能慢慢熟悉、掌握，而自己的亲朋好友正是演练推销技巧的合适对象。

**七巧板**

在使用亲缘法时，保险代理人应注意不要强迫推销，坚持最专业的服务，为准客户设计一份最合适的保单。

### 实战话术

**情景一：因为你是我的好朋友，我就有义务介绍给你**

“齐民，大家都知道我们是好朋友，所以我应该用我的专业知识来帮助你。我不想利用我们的友谊，但如果我不来为你服务，那是我的过错。我们先说好，如果你不喜欢我的提议或你认为还不需要，那就当我没说过，不接受也完全没关系。我只是觉得有义务介绍给你，就像我要介绍给其他人一样。”

**情景二：因为你支持我，我更不希望你为亲情买单**

“表哥，我刚找到一份工作，是为人们提供家庭保障与投资理财计划的工作。我刚学到了很多这方面的知识，我想为你做一份计划书，因为你一直都很支持我。如果你接受了，那证明我学的知识对人们是很有用的；如果你不接受，请你把真正的原因告诉我，我尽力改进。我不想你因为亲情而购买保险，那不是我希望得到的。”

## 2. 保户介绍法

保户介绍法亦称“连锁介绍法”或“无限介绍法”，是指保险代理人请求现有保户介绍他认为有可能购买产品的潜在保户的方法。

保户介绍法是最有效的，是保险推销的王牌。它的优点是被介绍人对介绍人有信任感。而保险推销中准客户的信任感，正是促使准客户购买的第一要素。通过介绍人，保险代理人能够很快地了解到被介绍人的情况，可以大大提高工作效率，成功的概率也更大。

保险代理人使用保户介绍法时，应注意下页图所示的问题。

**介绍人在场时的第一次见面不必谈保险**

这时保险代理人的推销动作越少，越容易获得信赖，只要获得对方的信任，成功的机会就会很大

**电邮中不要附上太多资料**

在给被介绍的客户发邮件时，资料内容应简单明了，不要过于复杂。因为电邮只不过是销售的一个辅助工具，目的仅在于引起准客户的兴趣

**及时告知介绍人访问结果并表示谢意**

当保险代理人拜访了准客户以后，一定要告诉介绍人拜访的结果，并表示感谢。这不仅是一种礼貌，同时也是与介绍人加强联系的理由

**懂得报恩**

在成功开拓准客户后，可以通过口头表达或赠送一些小礼品对介绍人表达谢意

**使用保户介绍法时应注意的问题**

### 3. 陌生拜访法

陌生拜访法是指直接向不认识的人介绍和推销保险的方法。它是一个保险代理人走向成功的基本功，是保险事业的起点。它可能会带来很多意想不到的困难，但也会使保险代理人在短时期内迅速增加保险销售的知识和技巧，快步走向成功。

陌生拜访法是最基本的寻找和发现准客户的方法，保险代理人在使用时要注意下页图所示的问题。

使用陌生拜访法应注意的问题

- 保险代理人应以一个积极的、正派的专业形象出现在准客户的面前
- 要有信心，神态要自然大方
- 要有吸引人的开场白
- 正确面对拒绝

使用陌生拜访法应注意的问题

## 实战话术

**情景一：自我介绍后抛出优惠活动**

“您好！我是××保险公司的××。最近我们公开推出‘倾情回报买一赠一’活动，即买一份保险送一份意外险，相信您一定会喜欢这种二合一险种，我是专门负责销售这种保险的。不好意思，我可以坐下吗？”

**情景二：自我介绍后展示宣传单**

“您好！我是××保险公司的××。最近我们公司推出一种五年期的国债——××（分红型）保险，特别受广大客户欢迎，您单位很多人已在我们公司办理了这种保险，这是我们的宣传单，请您看一下，不买马上就要停办了。”

**情景三：自我介绍后自问自答**

“您好！我是××保险公司的××。最近我们公司推出了保险产品先试用、后付款活动，不满意不付款，请问您是否办理过这样的保险？我是专门推销这种保险的，这种保险很受广大市民的欢迎。不好意思，我可以坐下向您介绍吗？”

### 4. 影响力中心法

影响力中心法是指保险代理人在某一特定范围内，寻找并争取有较大影响力的中心人物为准客户，然后利用中心人物的影响与协助，把该范围内的潜在客户发展为准客户的方法。

保险代理人如果能把中心人物发展为自己的准客户，就很有可能引出一批潜在客户。这种方法可以使保险代理人重复地向每一个潜在客户进行讲解和说服工作，因而节省了大量的时间与精力。

寻找中心人物是使用影响力中心法成败的关键，保险代理人应该选择具有较多潜在客户的区域作为目标市场，然后在目标市场范围内寻找有影响力的中心人物，并努力争取他的信任与合作。

### 5. 资料查阅法

资料查阅法是指通过查阅各种信息资料来寻找准客户的方法。但是，保险代理人对各类情报资料的收集、整理及汇编工作有一定的难度。从我国现阶段实际情况看，保险代理人能利用的资料有统计资料、工商管理公告、报刊资料、企业广告和公告、电话簿等。

资料查阅法的优点是可以用较小的代价获得较准确的资料，可以掌握很多准客户的资料。

### 6. 个人观察法

个人观察法即保险代理人根据自己对周围环境的直接观察和判断去发现准客户的方法。保险代理人在各种场合，无论是与人聊天、听电话、吃饭、旅游等，都可以寻找准客户。使用这个方法时，要求保险代理人具有非常敏锐的观察力。这种方法的优点如下图所示。

1. 保险代理人直接面对市场，减少了许多不确定因素，提高了寻找准客户的准确性和成功率
2. 可以扩大视野，不断扩大推销范围，发现新的准客户，创造新的销售业绩

3 有助于培养保险代理人的观察能力，积累推销经验与增长实践才干，促进保险代理人成长和发展

**个人观察法的优点**

## 7. 合作推销

合作推销分两种类型：一种是保险代理人之间的合作，另一种是保险代理人与其他产品推销员的合作。

（1）保险代理人之间可以是两人合作，也可以是多人合作。合作推销的优缺点如下图所示。

**保险代理人之间合作推销的优缺点**

（2）保险代理人与其他产品推销员的合作，主要是指其他产品的推销员在推销产品时为保险代理人介绍准客户。

## 8. 调查表访问法

利用事先印制的带有保险公司标志的调查表对陌生人进行随机访问，不仅有利于在短时间内收集众多准客户的资料，而且可以进行广告宣传。

### 实战话术

**情景一：直接展示问卷调查表**

“您好！我是××保险公司的销售人员××。我们公司在做

客户保险需求的问卷调查，这里有一张问卷调查表，麻烦您浏览一遍并填写一下，感谢您对我们工作的支持。”

**情景二：有奖问卷调查**

“您好！我是××保险公司的销售人员××。我们公司在搞一种有奖问卷调查，这是一张有奖问卷调查表，请您填写一下，上面的问题包括‘您是否买过保险？’‘您是否满意保险公司的服务？’‘您是否满意保险推销员？’等，请填好您的地址和电话，以便中奖后通知您。附卷您保存好，上面有号码，主卷我带走，一个月以后我们公司举行抽奖活动，到时电视、报纸上都会公布中奖号码，共设计了5个奖项，其中一等奖是一台55寸的大彩电，希望您中大奖。”

**情景三：售后服务跟踪调查**

“您好！我是××保险公司的××。我们公司正在做售后服务的跟踪调查，请问您对在我们公司买的保险满意吗？我们的服务还有哪些做得不到位？欢迎您给我们提一些建议，我是公司专门委派下来跟踪调查的，不介意的话我可以坐下吗？”

## 9. 利用互联网

与利用电话相比，利用互联网是一种能更方便快捷地开拓准客户的方法。利用互联网开拓准客户的方法如下图所示。

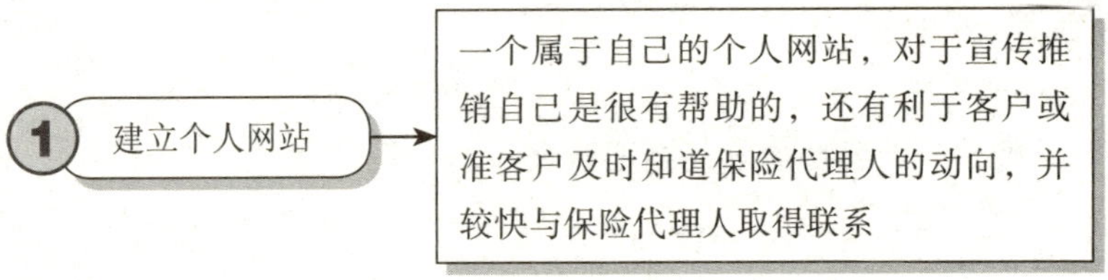

2 利用公众聊天室 → 在公众聊天室可以和不同性别、不同职业、不同性格的人聊天，能收集到大量的信息

3 利用群发邮件 → 互联网上的很多邮箱都是免费的，可以设计一封漂亮的邮件，利用群发软件给不同的人发邮件

利用互联网开拓准客户的方法

## 二、个人准客户开拓技巧

作为保险代理人，在选择开拓准客户的时候，一定要具体情况具体分析，按实际情况处理不同问题。

### 1. 咨询

进行咨询时，保险代理人首先要准备好所需的销售工具及活动工具，如桌子、横幅、宣传广告、宣传资料等，然后选定地点，派发保险宣传资料，接受客户的咨询，解答问题，介绍险种，直接为客户提供服务。

在公共场所设定咨询台时，保险代理人应注意以下两点。

对那些有投保意向的准客户，应当设法让他们留下姓名、家庭地址、工作单位、电话号码等资料，并确保资料准确，以便跟进。也可以当场预约时间、地点，及时提供服务，促成签单

争取现场签单，节省时间和精力，提高工作效率。保险代理人应尽量引导客户一次性促成

在公共场所设定咨询台的注意事项

## 2. 电话促销

保险代理人在进行电话促销时，应注意以下事项。

（1）打电话前将想要讲的项目列出大纲，按顺序讲述。

（2）如果对方不在，则留下姓名和电话号码并请他回话。

（3）如果保险代理人经常打电话给某个人，最好跟对方约定一个时间接听你的电话。

（4）尽量使用直拨电话，避免总机人工转接。

（5）保险代理人应介绍自己的公司，并说明打电话的目的，同时应告诉客户你是怎么知道他的名字的。

（6）在电话中切忌做产品说明，保险代理人打电话的目的是约见客户，而不是占用客户的时间。

（7）打电话时一定要认真细致、精神饱满，同时坐姿端正，不吸烟、喝东西或嚼口香糖等。

## 3. 陌生拜访

保险代理人在进行陌生拜访前一定要做好下图所示的准备。

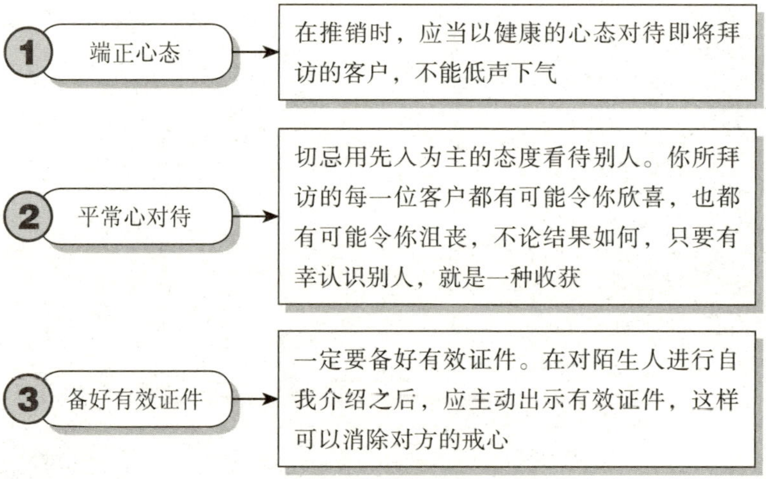


**进行陌生拜访前的准备工作**

### 4. 信函

保险代理人在利用信函进行客户开拓时，要注意信函的内容一般以企业及其险种介绍为主，讲明企业的性质、服务质量以及可能兑现的事项。另外，信函的措辞一定要优美、入情入理且能打动人心。

## 三、团体准客户开拓技巧

江雪是个精明干练的保险代理人，为了攻克市人民医院这个堡垒，她连续拜访了十几次，差不多所有的医生都认识她了，但还是没有人买她的保单。经过一次又一次的拜访，江雪终于找到了问题的症结所在：原来大家都在看院长买不买。因此，江雪直奔院长办公室，却被挡在外面，不让进去。

后来她见到院长，但院长百般推托。江雪急了，说："请给我一分钟，可以吧。"院长很不情愿地给了她一分钟，看她有什么招数能在一分钟内讲清保险的功能并打动他。

江雪诚恳地说："保险的好处就是平时当存钱，有事不缺钱，万一赚大钱，投资稳赚钱，收益免税钱，破产保住钱，养老永领钱，投不投由你！"

院长一听乐了，终于让江雪进办公室慢慢地说。

江雪把保险的好处逐条讲解，然后又请院长出面，给全院医生上了一堂保险课。

结果，江雪2个小时的讲解换来了150份保单，全院医生都投了保，有的还一人投了几份保险。

团体客户对于保险代理人来说可以称得上一个大的"诱惑"，因此，成功地开发团体客户，就成为保险代理人的一项重中之重的工作。

要想在团体客户的开发中赢得机会并获得成功，需要保险代理人做到下图所示的几点。

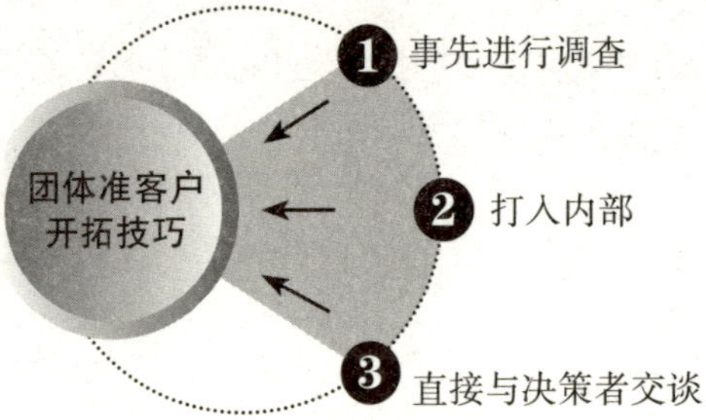


团体准客户开拓技巧

## 1. 事先进行调查

保险代理人可直接深入某个企业或团体，先摸清团体客户的基本情况。

比如，他们的经济状况、支付能力，谁是真正的决策者及该团体的作息规律等情况。

## 2. 打入内部

团体开拓不要急于求成，不要急功近利。保险代理人要勤于拜访，经常与客户保持联系，融洽感情，为以后的工作打好基础。

## 3. 直接与决策者交谈

找准关键人物，如果他接受并购买了保单，其他人的工作相对来说就容易做了。

**拓展训练**

对于寻找准客户，除了以上几种途径外，在实际工作中还可以通过哪些渠道获取客户信息？

1. ______________________________

2. ______________________________

3. ______________________________

# 评估准客户

**培训师的话**

保险是针对性很强的产品，因此，保险代理人必须对潜在客户进行全面的评估，从而确定哪一位潜在客户会成为实际购买的客户。

## 一、准客户应具备的条件

一般来说，准客户应具备下图所示的条件。

准客户应具备的条件

### 1. 有缴费能力

购买保险是一笔不小的消费，保险保障的获得需要一定的资金作为支撑，按照马斯洛需求层次理论，保险需求属于安全需求层次，如果一个人尚处在解决温饱阶段，他是不会购买保险的，那些经济拮据的人对购买保险一事心有余而力不足。

### 2. 有保险需求

这是相对的，实际上，每个人都有保险需求，只是有强弱和多少之别而已。

比如，某客户是一位高级公务员，他不仅工资收入很高、很稳定，而且五险一金齐全，对养老、疾病等风险没有后顾之忧，那他的保险需求就相对弱些、少些，在适当的情况下，他可能会考虑购买一些重疾、住院补贴和意外伤害之类的商业保险。

### 3. 有决定权

一个人在家庭中、在单位里所处的地位、所扮演的角色不同，决定了他对事情的处断权的有无和大小。反映在保险购买方面，即有意向购买的人不一定有决定权。

### 4. 容易接近

对保险代理人来说，找比较容易接近的人推销，成功的概率会比较大。每个人的性格、家庭背景、受教育的程度和工作经历等各不相同，这些决定了人们的思维方式及处事习惯的差异，保险代理人对此应有所了解，找到接近客户的突破口。

比如，有些人根本无法接近，如某位高层领导、某位著名影星。还有些人性格孤僻，性情古怪，拒人于千里之外，无法与其正常沟通，这些人也不易接近。

### 5. 富有爱心和责任感

富有爱心和责任感的人最容易成为准客户，因为保险的意义和功用与之思想意识相吻合，与其要达到的目的一致，但在大部分情况下需要给予其适当的引导和启发。

比如，孝顺的儿女多半会为父母投保；恩爱的夫妻总是为对方着想，从而为其购买保险；从父母的角度来看，孩子的成长至关重要，会为了孩子的将来而购买保险。

### 6. 身心健康

身心健康包括身体健康和心理健康两个方面。身体健康是指作为被保险人的人身体应当是健康的，且能够通过保险公司的核保；心理健康是指作为被保险人的人不但身体要健康，心理也要健康，否则，不宜将其列为准客户。

比如，对社会现实存在认知上的严重偏差（性格偏激）的人投保往往会给保险代理人自身或他所在的公司带来极为不利的后果。

### 7. 保险意识较好

由于每个人的生活经历、社会阅历不同，造成了人们对事物的认识存在很大区别。对保险的认识也一样，会因人而异，保险意识较好的人比较容易接受保险；相反，保险意识不好的人则难以接受保险，对保险持否定态度。

上述7个条件必须同时具备才能算作一个准客户，只具备上述其中的一个或几个条件均不能成为一个真正意义上的准客户。

比如，虽然某位客户很有钱，但是他相当难以接近，或者保险意识相当差，那么，他就不是一个真正意义上的准客户，在他身上付出太多的时间和精力往往会是一种浪费。

**七巧板**

准客户应具备的条件是衡量我们即将要拜访的客户是否为准客户的基本标准，我们应当将这个标准时刻放在心上，在展业过程中不断运用这个标准去衡量面前的客户。

## 二、评估准客户的方法

保险代理人在评估准客户时，可根据准客户应具备的条件一一进行判断评估，具体方法如下图所示。

| | |
|---|---|
| 判断有无缴费能力 | 谈谈日常生活，聊聊柴米油盐酱醋茶，观察客户的衣食住行 |
| 判断有无保险需求 | 与客户聊聊工作和福利待遇，谈谈人的生老病死、天灾人祸，谈谈目前的养老和医疗保障制度 |
| 判断有无决定权 | 进行试探性询问，跟客户聊聊家中大件添置的问题 |
| 判断是否容易接近 | 尝试不同的接触方式，如直接面谈、电话约访、请人介绍、信函联络等 |
| 判断是否富有爱心和责任感 | 聊孩子、爱人、老人和家庭，观察客户对待家庭成员的态度及其家庭摆设，了解客户的个人爱好 |
| 判断是否身心健康 | 聊有关健康、保健、养生的话题以及社会热点问题、国内国际新闻、国家政策等，引发客户的议论和评判 |
| 判断保险意识是否较好 | 观察客户对保险话题的重视程度、对待保险代理人的态度，谈别人投保、理赔的案例，谈保险的意义与功用 |

**评估准客户的方法**

## 三、评估准客户的注意事项

优质准客户的数量，决定了保险代理人业绩的好坏；准客户积累总量的多少，决定了保险代理人保险营销生涯的长短；能否准确评估准客户，决定了保险代理人工作效益的高低。所以，评估准客户是保险代理人的一项基本能力。保险代理人在评估准客户时，应注意以下事项。

（1）按照事先预定的计划，有准备、有目的地拜访目标客户，尽量避免盲目性。

（2）在拜访某一具体客户时，从一开始见面的寒暄、赞美到整个拜访活动结束，要不断地用准客户应当具备的7个条件去衡量你面前的客户是不是一个潜在的准客户。

（3）分清真假拒绝，以免影响正确判断。

（4）所有判断都是在与客户的聊天中自然而然地完成的，是客户察觉不到的。

（5）如果能够确定他就是准客户，那就可以按预定计划继续进行下去，否则就应及时礼貌地告辞，再去拜访其他客户，不宜耽搁太久，以免浪费时间。

（6）初次拜访后，要及时对拜访前收集到的客户资讯进行一次重新归纳整理，以便决定下一步的行动计划。

（7）签单过于顺利时，要防止客户逆选择。

**拓展训练**

鉴于准客户应具备的条件，对于准客户的评估，还要注意哪些方面？

1. ________________________________

2. ________________________________

3. ________________________________

# 筛选准客户

培训师的话

对于每一个保险代理人来说，都希望在第一次与客户见面时就能拿到订单，然而，这种情况却少之又少。为了提高与客户沟通的效率，保险代理人做完客户评估后，接下来就要对客户进行筛选，确定哪些才是真正的客户。

## 一、目标业务分解

保险代理人可将目标业绩画成比例图。假定有10个客户，可能实现保额为100万元，其中前2位客户的保额就占总业绩的80%；接下来的3位客户的保额占15%；后5位客户仅占5%。这样就可以找出重点客户，从这些重点客户入手以提高效率。

## 二、客户资料登记

一般而言，客户的资料主要包括以下两个方面。

客户资料

**图示说明：**

（1）姓名对每个人来说都很重要，客户的姓名必须准确记录，否则会使人不快甚至反感。

（2）不同年龄和文化程度的人，可能有不同的价值观，对事物的看法、表达方式等有所不同，对保险的了解和接受程度也有很大的差距。掌握了客户的这些情况后，就为制订有针对性的销售方案提供了依据。

保险代理人在登记客户资料时，第一，可按客户开拓的先后顺序进行登记；第二，可按客户的经济状况进行登记；第三，可按客户的保险需求大小进行登记。

## 三、客户资料管理

保险代理人要给客户建立管理卡，并进行妥善保管，既作为开拓业务的综合资料，同时也为保险企业提供参考信息。

## 四、客户路序分类

客户路序分类是指将客户按地区和最佳交通路线划分的线路顺序进行分类。

（1）将客户划分为若干个区域。

（2）按所在区域将客户划分为不同的路序。

**拓展训练**

在筛选准客户时，如何从现有的客户资料中筛选出潜在的高端客户？

1. ________________________________

2. ________________________________

3. ________________________________

第三章

# 接洽拜访，激发客户的兴趣

## 情景导入

邓老师："前面我们讨论了如何寻找、评估、筛选准客户，这也只能起个抛砖引玉的作用，相信大家在工作实践中会有不同的方法与技巧。这节课，我们来讲讲如何拜访客户。"

"拜访客户，我想在座的各位肯定经历了不少，那么我想问一下，你们拜访客户前会做准备工作吗？"邓老师问道。

"我去拜访客户前，一般都会做些准备工作，特别是对客户的背景、喜好、习惯等会做一定的了解。"小马说。

"记得我第一次和同事去拜访客户，这位客户是同事的保户介绍的。与客户见面后，双方相谈甚欢，就像好久没见的好朋友似的。没过几天，客户就约我们再次见面商谈购买保险的事情。当时我就纳闷了，觉得同事好神奇，通过一次简单的见面，就能拿下订单。后来才知道，同事在和客户见面前已经做了充足的功课，从介绍人那里打听到客户的工作性质、兴趣爱好、家庭状况等相关信息，与客户聊天时，尽量不聊保险，只说些客户感兴趣的话题，这样才博得了客户的好感，促成了下一次见面。"小陆一口气说道。

邓老师："不错，陌生拜访一定不要一开口就谈保险，我们有很多人保险意识不太强，大家听到推销保险的第一感觉就是反感。"

小文："那不谈保险，谈什么呢？"

邓老师："问得非常好！的确，现在很多保险代理人在拜访客户的时候，显得很盲目，见了面不知道该说什么，该怎么样说，只是很简单地介绍下自己，然后就极力向客户推销产品，客户拒绝后，便灰溜溜地走了，灰心丧气，拜访下一个客户就没有激情了。今天这样，明天还是如此，日复一日，没有多大成绩，便想着改行，结果在其他行业做得也是不尽如人意。最后还弄不明白，为什么现在的社会，客户这么难开发？客户关系这么难维护？其实不是没有市场，也不是没有客户，关键在于做销售的人是不是合格的销售员？有许多东西你是否注意了？有许多方面你是否做到了？如果能够多去思考，善于复制别人成功的方法，善于行动，善于总结，那么搞定客户也很轻松。”

“接下来，我们就一起来看看如何与客户接洽，成功拜访客户。”邓老师接着说。

# 拜访前的准备

培训师的话

凡事预则立，不预则废。要顺利拜访并成功开发客户，须做好前期的准备工作。只有经过充分的准备，拜访客户才能取得成功。

## 一、物质准备

保险代理人拜访客户的物质准备包括客户资料的准备和展业工具的准备。这些准备可以让保险代理人在客户面前树立专业的形象，赢得客户的信任。

### 1. 客户资料的准备

客户资料的准备包括两方面，即客户资料的收集与分析。

（1）客户资料的收集。

客户资料的收集应多角度、多途径地进行，尽可能全面地收集所有与其相关的资料。资料收集得越多，客户的形象越清晰，面谈时的切入点就越明确。

（2）客户资料的分析。

为了详细把握客户的情况，保险代理人必须对收集来的资料进行归类、分析，从大量的事实资料中寻找到可以显示客户某些特征的问题，并由此得出一个结论或一个判断。

### 2. 展业工具的准备

展业工具具有强化说明、促成签约的功能，是保险代理人在展业过程中的有力武器。展业工具包括展示资料、签单工具和小礼品等。保险代理人需要准备的展业工具如下表所示。

**需准备的展业工具**

| 序号 | 类别 | 工具 |
|---|---|---|
| 1 | 身份证明 | 身份证、保险代理人资格证书、工作证、名片 |
| 2 | 公司资料 | （1）公司宣传资料（包括公司的历史、现状、将来的发展等）<br>（2）有关保险宣传的简报<br>（3）理赔案例 |
| 3 | 客户资料 | 名单、信函（推荐信、感谢信） |
| 4 | 签单所需资料 | 保单介绍资料、保单、计划书、费率表、计算器、收据 |
| 5 | 其他 | 文具、通信工具、小礼品 |
| 6 | 备注 | 凡是能促进销售的资料，都必须随身携带。调查表明，保险代理人在拜访客户时，若能有效利用销售工具，成功率可以提高10% |

## 二、行动准备

行动准备是为实施有效接触而进行的行动规划与设计，有一定的程序。行动准备包括拟订拜访计划、确定拜访时间和拜访场所及注意拜访礼仪等。

为达到更好的拜访效果，给客户留下良好的印象，应做到准备充分，可从以下几个方面着手。

### 1. 拟订拜访计划

拜访计划主要包括拜访时间的安排、拜访场所的选择、拜访礼仪的确定等。

### 2. 确定拜访时间和拜访场所

拜访时间和拜访场所的安排应依据客户的习惯、生活规律和职业等来确定，注意不要和客户的日常生活安排产生冲突，以免引起客户的反感。

恰当选择拜访客户的时间，往往可以取得更佳的效果。保险代理人可以根据客户类型来确定拜访时间，具体如下表所示。

**客户拜访时间表**

| 序号 | 拜访对象 | 最佳时间 |
|---|---|---|
| 1 | 公务员 | 工作时间内 |
| 2 | 会计师 | 每月中旬 |
| 3 | 办公室行政人员 | 上午10：00前后至下午3：00 |
| 4 | 医生 | 上午11：00至下午2：00 |
| 5 | 银行业从业人员 | 上午10：00前或下午4：00后 |
| 6 | 报纸或印刷业从业人员 | 下午3：00以后 |
| 7 | 餐饮业从业人员 | 下午3：00～4：00，避免就餐高峰期 |
| 8 | 股票行业从业人员 | 收市后 |

（续表）

| 序号 | 拜访对象 | 最佳时间 |
|---|---|---|
| 9 | 建筑业从业人员 | 清晨或收工后 |
| 10 | 艺术家 | 清晨或上午10：00～12：00 |
| 11 | 教师 | 下午4：00或放学后 |
| 12 | 家庭主妇 | 上午10：00～11：00 |

### 3. 注意拜访礼仪

拜访礼仪包括拜访时的着装、言谈举止等，主要依据客户的职业和拜访场所而定，言谈举止应大方得体，可根据不同的情景具体对待。

## 三、心理准备

由于与客户见面直接决定着客户对你的印象，而除了外在形象外，内在散发的气质也会影响客户对你的印象，因而做好心理准备，调整好心态，自信、大胆、放松，才可以达到最佳效果。

### 1. 勇气

保险代理人遭拒绝的次数会很多，不可能所有的客户都会给保险代理人面谈的机会，即便得到了面谈的机会，客户也不一定就欣然接受保险代理人的销售，所以保险代理人必须具备一定的勇气。

### 2. 自信

作为保险代理人，要相信自己的选择是正确的，相信自己的保险产品是被人们需要的，相信自己的成功是必然的。

**七巧板**

并非每一次拜访都会顺利，每一次面谈都会成功，保险代理人应具有充分的自信心和良好的心态，有很强的心理承受能力，千万不要因为遇到拒绝或异议就情绪低落，甚至轻易放弃，应有一种百折不挠的精神。

## 四、其他准备

在拜访客户前，保险代理人做好了物质准备、行动准备、心理准备之后，还有其他需要准备的小细节。具体如下图所示。

1 → 拜访客户前，保险代理人应再次致电客户确定拜访的时间，从而表现出自身的专业精神及对客户的重视

2 → 熟记客户的个人资料，分析其性格特点、兴趣爱好，这样有助于寻找话题，从中探知客户对保险的需求

3 → 准备关于企业的不同类型的资料，以便对客户进行详细介绍，从而在客户面前表现得更熟练、更专业

4 → 提前10～15分钟到达约会的地点，使自己熟悉周围的环境，放置好带来的物品资料，做好心理准备。同时，体现出对客户的尊重

拜访客户前的细节准备

**七巧板**

拜访之前一定要把与产品、公司、行业相关的资料都了解、学习到，而且要能够熟练地运用，让客户觉得你很专业，这样客户就会对你产生信任感，对你的公司产生信任感。

**拓展训练**

保险代理人在拜访客户前，除了上面介绍的内容外，还要做好哪些准备？

1. ____________________

2. ____________________

3. ____________________

## 与客户接洽

**培训师的话**

有人说，没有拜访就没有销售，但不等于销售人员去拜访客户就一定能实现销售。与客户进行第一次面对面的沟通，有效地拜访客户，是迈向成功的第一步。

### 一、电话约访

随着保险业的不断发展与人们保险意识的不断加强，电话约访已成为保险代理人重要的销售方式。

### 1. 电话约访基本要领

电话约访基本要领如下表所示。

**电话约访基本要领**

| 序号 | 基本要领 | 操作说明 |
|---|---|---|
| 1 | 预先准备 | 即打电话前做好准备，如笔、记录本、有关客户的资料、保险条款的有关信息资料等，都要放在电话机旁，一旦需要可随时取用 |
| 2 | 通过声音展现自己的精神面貌 | 尽可能使自己的声音温和、真诚，必须认真斟酌，要做到词句清晰，让客户认为你是一个可以信赖的人，从而能够理解和接受你提出的请求 |
| 3 | 充分发挥销售技术 | 先将自己打算讲的重点内容按先后顺序合理安排，如哪些话要先讲，哪些话要后讲，该如何讲，等等。尽量避免引起客户的反感，并在客户提出疑问之前就予以说明，让客户对你产生好感 |
| 4 | 给客户留下好印象 | 不论客户是否答应约访，在放下电话之前，都应对客户表示感谢，并就占用了客户的时间表示歉意，给客户留下一个好印象 |

### 2. 电话约访礼节

保险代理人在进行电话约访时，需要注意以下礼节。

（1）拨电话之前要仔细核对有关资料。特别是一次准备拨打几个电话时，一定要分别核对每次拨打的电话号码，以及对方姓名、职务、职业和相关的资讯是否正确，避免产生错误。

（2）语气平和，彬彬有礼。通话时要先自报家门，多说“请”和“谢谢”。

（3）言简意赅，表达清晰。通话时要简明扼要，突出主题，切忌词不达意，给对方留下不良印象。

（4）选择时机，事半功倍。电话随时可打，但要替对方考虑。要针对不同的对象和行业与职业的特点来安排电话约谈的时间。

（5）为了防止在通话中东拉西扯，保险代理人可以事先写下谈话步骤与纲要，以提醒自己。

**七巧板**

客户在回应保险代理人的电话接触时，有时会提出各类不同的异议，因此，要在进行电话接触前，先规划好对这类问题的解答方式，这样保险代理人就可以更有效地回应这类问题，促使客户同意约访。

## 实战话术

**情景一：电话约访陌生客户**

“您好！您是张经理吗？我是××保险公司的××。我知道您是主管营销的，我听说您的下属为了企业的生存和发展，每日在外四处奔波，夜以继日地出差，的确很辛苦。最近我们公司推出了专门为行销人员设计的一种意外保险，很受广大行销人员的欢迎，您看今天上午10：30我去拜访您可以吗？”

**情景二：电话约访被推荐客户**

“您好！张科长，我是××保险公司的××。昨天您的同学张芳在我这里购买了一份很好的保险，同时她认为此险种非常好，特别适合您这样的成功人士，因此她特地向我推荐了您，您看明天上午10：30我去拜访您合适吗？”

**情景三：电话约访学生家长**

“您好！请问是××家吗？我是××保险公司的保险代理人××。我从幼儿园得知，您的孩子在我们公司办理了‘××团体学生、幼儿平安保险和附加住院医疗保险’，我是专门做售后服务跟踪调查的，请问您明天上午10：00有时间吗？到时我去拜访您。”

## 二、陌生拜访

陌生拜访主要包括下图所示的六个步骤。

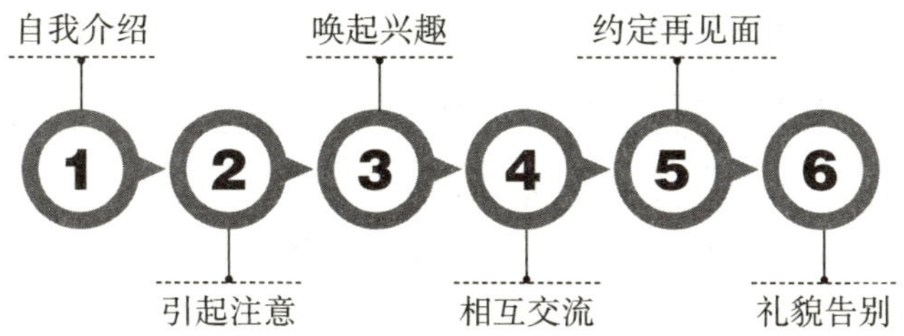


**陌生拜访的主要步骤**

### 1. 自我介绍

自我介绍，除了按习惯向客户致意外，要表明身份与工作，递上名片。自我介绍前要心中有数，态度要不卑不亢，给对方留下一个好的印象。

### 2. 引起注意

要引起客户的兴趣，刚开始的话题一定要能抓住客户的需求与好奇心理，促使他听你说下去，并在谈话中慢慢接受你。

### 3. 唤起兴趣

话题要能引起客户的兴趣，促使其思考你的建议或话题会对其有何帮助或解决其什么疑难。当客户认为你所说的与他的利益相关时，就会听你说下去。

### 4. 相互交流

若观察到客户有与你继续交流的意向时，需在相互攀谈与拉拢关系中进一步加深双方的感情，为以后的销售工作和成交打好基础。

### 5. 约定再见面

如："您是星期三下午2：00方便还是星期四下午2：00方便呢？"当对方确认后，要立即当面记在笔记本上并督促对方也记好。

### 6. 礼貌告别

在拜访结束时，保险代理人要礼貌告别，并不忘称赞对方几句，给对方留下一个好印象。

## 三、主管陪同拜访

作为一名保险代理人，要懂得学习，掌握别人成功的经验并为自己所用，最直接的方式即主管陪同拜访。

### 1. 示范式陪同拜访

对于主管示范式陪同拜访千万不要忽视，因为可以从中学到许多技巧。主管会示范如何与客户面谈，如何应对客户的拒绝，从而帮助你增加独自拜访客户时的信心，消除恐惧心理。

（1）拜访前的准备。

在拜访前要提前了解客户的基本资料，掌握面谈流程的三个环节、基本话术和拒绝处理话术。

（2）拜访后的工作。

向主管回馈拜访表现，请主管评价你的回馈，思考如果换作自己将如何拜访，并与主管一同解决客户提出的问题。

### 2. 辅导式陪同拜访

在辅导式陪同拜访中，主管将观察你如何拜访自己的客户，并在必要的时候提供协助，从而帮助你进一步增强拜访客户的信心。

（1）拜访前的准备。

在拜访前要熟悉客户的基本情况，预估客户可能的保险需求以及可能提出的拒绝问题，请主管协助进行角色扮演，进一步掌握话术。

（2）拜访后的工作。

拜访结束后，请主管对你的表现予以反馈和建议，对于面谈中较难处理的环节，可以请主管扮演客户，重复一次实际拜访场景。

### 3. 指导式陪同拜访

你开始独立拜访自己的客户，主管不会给予任何协助。在拜访结束后，主管将给予反馈，从而帮助你熟练掌握面谈话术，增强拜访客户的信心。

同样的，在拜访前要熟悉客户的基本情况，预估客户可能的保险需求以及可能提出的拒绝问题，请主管协助进行角色扮演，进一步熟悉并掌握话术。

相关链接

## 拜访客户要做到六个“早知道”

**1. 客户基本情况“早知道”**

工欲善其事，必先利其器。代理人在对客户实施有效拜访前，要对客户做深入了解，掌握客户的情况，以便有的放矢、分类施策，有针对性地开展工作。

比如家庭成员的文化程度、职业类型、个人爱好、联系方式、工作性质及生活规律等，这样可以合理安排拜访时间，根据客户的实际需要准备拜访主题，以达到拜访的最佳效果。

**2. 客户事业发展政策“早知道”**

在对客户实施公关之前，要对客户所从事工作的行业前景、发展潜力、今后的投资规模、国家扶持的相关政策等有所了解。

如针对从事农村种养、商品购销的经营者，要着重了解国际、国内的市场行情、生产要素、技术要领等，这样在见到客户时才能够迅速找到切入点，确保每句话都能说到点子上，让客户接受你的观点，以实现成功签单。

**3. 客户现有保障状况“早知道”**

大家都知道曲径通幽的道理，保险代理人在向客户介绍保险产品之前，最好找一个客户非常能够接受的理由，还可以根据不同客户的需求和爱好、不同的季节和时间来选择接触客户的方式和时机。

比如，在年前以给客户拜年的形式，或以感谢信的形式向客户汇报一年来公司的经营状况，征求客户对公司发展的意见和建议，以及祝贺客户生日快乐、结伴外出旅游、同桌就餐等。

利用以上形式，多方了解客户现有保障类型、保单状况，帮助客户进一步了解现有的保障情况，再次挖掘客户投保的潜力，鼓励客户加大对保险的投资力度，让客户清醒认识加保后的意义和作用，确保客户舒心、放心、安心买保险。

**4. 客户思想状况“早知道”**

知己知彼，方能百战不殆。保险代理人要养成经常思考问题的习惯，要知道所接触客户的脾气、性格和爱好，明确他是善于接受新事物、新思想、新观念的人，还是随从型、攀比型的人，抑或是别人怎么做他就跟着学的从众心理较强的人。了解清楚这些情况后，代理人再根据自己的性格，选择性格相近的客户，以便在与客户接触时能够无障碍地交流。

**5. 客户家中关键人物“早知道”**

可选择家中有特殊地位或最有说服力的人购买保险。比如，家中经济收入的顶梁柱，保障他的健康才能保持家庭收入源源不断，他的存在可使家庭和谐稳定，他对家庭的重要性永远不可忽视。但是风险是不确定的，要想保持家庭幸福的连续性，降低风险给家庭带来的经济损失，用保险对抗风险是十分必要的。

掌握保险营销中的关键，实施更加有效的方法，是保险营销的核心，也是营销成功的诀窍之一。

**6. 营销环境“早知道”**

天时、地利、人和是成功的重要法宝。环境也是生产力，环境也能够有效改变人的思想和观念。因此，代理人在保险营销的过程中要营造更加有利于营销的环境，做到三个“切忌”。

第一，切忌在客户心情不好时谈保险。

要处理事情，先处理心情，这是营销的经验之谈。保险代理人在进入客户办公室或家中开展营销时，要善于观察客户的表情，在客户心情不好时，忌讳单刀直入谈保险，那样最容易“搁浅”，成功的概率极低。遇到客户心情不好的情况时，最好根据客户的兴趣和爱好选择客户感兴趣的话题，想方设法调节客户的心情，然后选择时机开展营销。

第二，切忌在客户工作忙时谈保险。

在日常营销过程中，有的保险代理人在客户正在打电话、安排工作、开会、吃饭时就搭话介绍保险，造成客户左右为难，这时客户会当场拒绝。最好的办法是等客户把其他事情处理完毕后再开口说保险。语言表达最好用“您真是成功人士，工作就是繁忙，我占用您的时间真是不好意思”等赞美的话语。用温馨的语言，拉近与客户的距离，营造有利的沟通环境，从而助推营销成功。

第三，切忌在闲杂人员多时开口。

保险代理人在与客户接触时，最好是二对一式的交谈，即两个代理人对一个客户。若其他闲杂人员在场，由于他们对保险认识的程度不同、观念和思想不同，所以发表的言论也不尽相同，很可能出现我们苦口婆心讲半天刚使温度提升起来，其他人员浇了一瓢凉水就又冷下来的局面。

熟悉客户的情况，了解客户的心理，然后对症下药，就会达到药到病除的效果。每一位从事保险营销的伙伴，在实施营销的过程中，要多方搜集客户的信息、全面掌握客户的情况，这样才能为成功营销奠定基础，为顺利签单创造条件。

**拓展训练**

在拜访客户时，保险代理人注重哪些细节才能引起客户的注意，唤起客户的兴趣？

1. ____________________

2. ____________________

3. ____________________

# 再次拜访

**培训师的话**

初次拜访仅仅完成了行销的基础工作，如果短期内没有获得再访的机会，就无法使客户的保险观念继续强化，我们之前付出的所有努力都将付诸东流，这就要求我们再访客户。

## 一、不能再访的原因

有人说，第一次拜访的结果是第二次拜访的开始，要想获得再次拜访的机会，必须在第一次拜访中给客户留下好的印象。一般来说，不能再访客户的原因如下图所示。

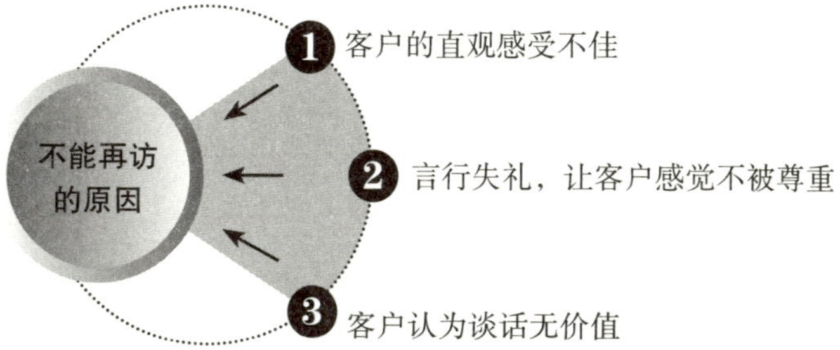


不能再访的原因

### 1. 客户的直观感受不佳

导致客户直观感受不佳的主要原因如下。

（1）着装不得体，仪表随意。

（2）表情生硬，缺少笑容。

（3）体味强烈，让客户感觉不舒服。

（4）语气生硬，缺乏热情。

（5）语速不当，与客户性格不符。

### 2. 言行失礼，让客户感觉不被尊重

言行失礼，让客户感觉不被尊重的主要原因如下。

（1）拜访时间不佳。

（2）说错客户姓名或职务。

（3）直呼客户姓名，没有用敬称。

（4）忽视在场客户的亲友。

（5）不尊重客户的信仰。

（6）没有察言观色，与客户发生争执。

（7）客户有急事，代理人还坚持面谈。

（8）面谈时间过长，到用餐时间或休息时间还不愿结束。

（9）草率结束面谈，没有致谢。

### 3. 客户认为谈话无价值

导致客户认为谈话无价值的原因如下。

（1）对客户提出的问题答非所问。

（2）对公司产品或专业问题不熟悉。

（3）谈话内容以强势要求购买保险为主。

（4）不关心客户目前的状况与最重要的需求。

（5）没有发现客户的爱好与兴趣，或未进行积极回应。

（6）不能提供专业的展示资料，口头又无法清晰陈述。

**七巧板**

保险代理人在面谈过程中要时时注意以上三个方面，切记不可给客户留下不良印象，否则难以获得再次拜访的机会。

## 二、制造再访的机会

保险销售是一个持续不断的过程，良好的业绩源于持续不断的拜访。一般而言，在每次拜访的尾声，保险代理人都会预约下一次拜访的时间。然而，并不是所有的客户都会给你持续拜访的机会，第一次与客户见面后，你需要自己创造再访的机会。对于相处甚好的客户，再访是一件很轻松的事情；但对于相处不久，对你心存戒备和抱有反感情绪的客户，就很难赢得再次见面的机会。为了能够成功销售，保险代理人又该如何创造再访机会呢？其诀窍如下页图所示。

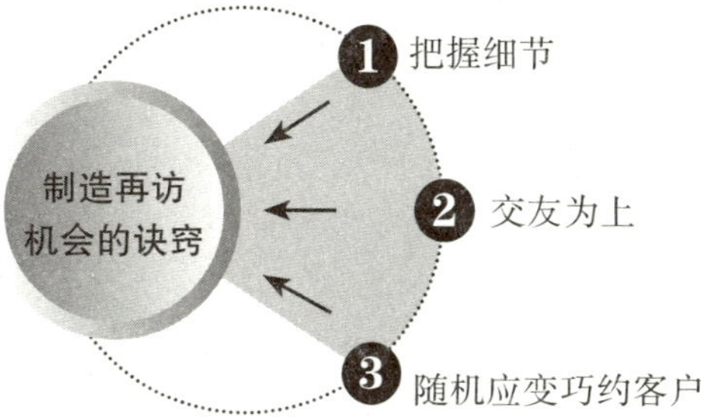


制造再访机会的诀窍

## 1. 把握细节

有些保险代理人业绩之所以不好，是因为客户积累量不够。客户积累量不够的原因并不是拜访的客户太少，而是在首次拜访后，就被客户拒之门外。

客户真的没有给我们机会吗？不，你能与客户见面，就说明你有了机会，只是没有好好把握机会。要打破这种被动的僵局，就必须学会从细节中把握机会。

比如，你在第一次与客户见面时，就要细心观察，了解他的兴趣喜好、职业习惯、生活习惯。这些细节的积累，是你再次拜访客户的钥匙。你了解了客户的兴趣爱好，在第二次约访时，就可以投其所好地选择见面地点、赠送小礼物等；你知道了客户的职业，就明白下次拜访客户时应该选择什么时间，可以准备哪些让客户感兴趣的材料等；你知道了客户的生活习惯，就要考虑是否可以以他的家人为突破口，进一步与客户拉近距离。

总之，只要能把握住细节，再次约访客户时，就很容易找到由头，也很容易提起客户与你见面的兴趣，创造再访的机会也就不难了。

## 2. 交友为上

与客户交朋友是维护客户关系的基本要求，但许多保险代理人在与客户交往时常常急功近利，第一次见面就“言谈不离保险”，这种做法只会让客户生厌，从此以后客户便拒你于千里之外，不愿再与你见面。

如果第一次见面能让客户感觉到轻松愉悦，给客户留下“相见恨晚”“意犹未尽”的感觉，那么你将很容易获得与客户再次见面的机会，客户甚至会主动约你。

七巧板

只有给客户留下好的第一印象，才能很轻松地获得与客户再次见面的机会。如果想长久地与客户相处下去，那么就要多考虑一下如何在第一次与客户见面时有一个精彩的表现，怎样做才能让客户愿意与你继续交往下去。

### 3. 随机应变巧约客户

第一次与客户见面，或许能给客户留下好印象，很轻松地使他愿意与你继续交往。但也许客户表现较为冷淡和戒备，让你不知该如何与他们约定下次见面的时间。这时，就要抓住客户的心理状态，而客户的心理状态不同，采取的破解办法也就不同。

（1）优柔寡断型客户。

有的客户优柔寡断，虽然第一次面谈给他们留下了好印象，他们也很愿意继续与你交往，但又觉得你所做的一切都与推销保险有关，因此心存芥蒂，不知道是不是应该“关上与你交往的大门”。对于这种客户，你要变被动为主动，在与他告别时，很直接地告诉他下次来看望他的时间，因为他处于左右为难的状态，一时无法做出决定，这种主动的提议他很难拒绝，下次见面的时间就很容易敲定了。

（2）果断坚决型客户。

有的客户果断坚决，对任何事物都有自己的判断，并且很难因外界的影响而改变自己的想法。对于这类客户，你很难有机会与他们见面，如果获得一次与他们面谈的机会也无法在短时间内改变他们原有的想法，如何预约下次拜访时间就成了一大难题。

这种具有独立性格的果断坚决型客户多半不喜欢被人安排时间，不妨用试探的语气，让客户来决定见面的时间。有时候，客户会随便搪塞几句，并不明确定下下次见面的时间，此时，你不能过多地与客户纠缠，可以暗示下次你还会来拜访，至于拜访的时间，就由你自己灵活掌握了。

（3）固执型客户。

有的客户很固执，无论怎样表达诚意，他们仍然拒你于千里之外，第一次见面后就明确表态不愿再见。很多保险代理人对这种客户采取死缠烂打的方式，以为这样就能让客户妥协。但事实并非如此，这样只会让客户更加厌烦，甚至采取极端的措施让你彻底失去机会。

对于这类客户，你可以在第一次见面时带去一些他感兴趣的资料、礼品等。这些东西要一点点地送，这样下次见面就有了合情合理的借口，客户也会乐于接见，再次拜访就成为顺理成章的事情了。

**七巧板**

保险代理人要突破自身的心理障碍，大胆地对客户提出还会再次来访，不能因为客户态度不够热情就主动放弃再次见面的机会。

## 三、寻找再访的借口

客户与我们素昧平生，凭什么再次与我们见面？要想顺利地与客户交往下去，就要找个再次见面的借口，给客户一个合理的理由。具体方法如下页图所示。

寻找再访借口的方法

### 1. 行销工具法

（1）留下较为简易的资料，约定下次送更为全面的资料。

在初次拜访中当客户索取详细的资料时，只给客户较简易的资料，并在拜访结束时说明下次拜访会带来更全面的资料。

#### 实战话术

**情景：结束拜访时，直接导入下次约访**

“张先生，您要的资料我下次专程送来，因为其他客户索取太踊跃，公司在加急印刷，印好我马上送来。现在的这份资料虽然简单，但也值得一读。”

（2）留下重要的资料，约定下次取回。

首次拜访临走前留下重要的资料（通常为内部资料），并告知客户资料的重要性。如果客户还在犹豫不决是否接受资料，不妨放下资料后就离开，客户就算不看也不敢把资料丢弃，但约定取回的时间不能超过一周。

## 实战话术

**情景一：留下其他客户资料以便下次取回**

“张先生，这份资料留给您，这是请专家为已购买保险的客户设计的，每份都有编号。这份资料是我的客户的，因为他是我的朋友，我会向他解释一下，迟几天再送过去。”

**情景二：以取回资料为借口**

“李先生，上周给您送的建议书中附有一份投保单，公司要求定期核销，明天我必须取回，我是上午还是下午去取？”

（3）将对客户工作、生活有利的资料提供给客户参考。

根据客户的需求，寻找客户感兴趣的资料，通常为非保险类的资料。

比如，赠送开服装店的客户关于店面布置的资料（最好是自己在外地旅游时精心拍摄的照片）；赠送怀孕或刚生小孩的客户关于科学育儿方面的资料；赠送孩子参加高考的家庭关于合理安排考生饮食的资料……

### 2. 特别拜访法

（1）找一个自己有研究且客户精通的问题去向客户请教。

在初访时，要了解客户的专长，同时对自己请教的问题也要有一定的了解，避免所提问题过于外行。通常这种情况的拜访要赠送小礼品以示感谢。

### 实战话术

**情景一：以鉴赏玉石为借口**

“李先生，我知道您对玉石很有研究，我前些时间买了一块玉石，请您帮忙看一下。您方便的时间是周三还是周四？”

**情景二：以品茶为借口**

“李先生，我和您一样喜欢喝茶，并且研究茶。我有一个朋友是开茶叶店的，前几天他给了我几种样品，让我品品好坏，再决定是否进货。请您也帮忙给一个建议。您方便的时间是周三还是周四？到时我把样品带来拜访您。”

（2）运用调查表，请客户协助填写。

保险代理人要备有不同的调查表，调查表以选择题为主，由保险代理人进行提问与填写。

### 实战话术

**情景一：以调查服务质量为借口**

“李先生，公司每个月会根据我的拜访记录随机抽选5个客户对我们的服务质量进行评价，您就是其中的一位。您方便的时间是周三还是周四？我会把调查表送给您，麻烦您了。”

**情景二：以征求客户建议为借口**

“李先生，上次送给您的资料您看了吗？公司将这份资料的推广任务交给我了，为了让资料对客户更有价值，我要征求5位见解独到客户的建议，作为资料推广的参考。您方便的时间是周三还是周四？我想登门请您帮忙填写调查表，麻烦您了。”

（3）主管一同拜访。

代理人与主管一同拜访客户，向客户介绍主管的职位与专长，提示主管能给客户带来的价值，让客户感到被重视，但一定要排除客户的顾虑。

**实战话术**

**情景：阐明主管拜访的目的**

“李先生，我向我的主管汇报了我和您面谈的情况，他认为我在解释‘××××’产品时并没有把所有的优点都谈到，希望亲自解释一下。同时，主管还特别交代我要向您说明，他绝不会在您没有同意的情况下要求您投保，他这次的拜访是想和您认识一下。我的主管是我们公司的商品研究专家，他有许多客户也和您一样在××行业工作。您方便的时间是周三还是周四？”

### 3. 名片法

（1）故意忘记向客户索取名片。

客户通常不愿意将名片留给保险代理人，这常常是你最好的再访借口。通过电话讨要名片时，一定要说明对方对你的重要性。

### 实战话术

**情景：以向客户学习为借口**

“张先生，我上次忘记向您讨要一张名片。在与您交谈中，我发现您有很多方面值得我学习。无论您是否向我购买保险，您都比其他客户有更大的价值，因为我从您的身上能学到更多为人处事的技巧。我想讨要您的名片精心珍藏，我是星期三还是星期四去取您的名片？”

（2）印制不同样式的名片，以更换名片为借口。

保险代理人还可定期更新名片，并以此为借口拜访客户。

### 实战话术

**情景一：以晋升职级更换名片为理由**

“张先生，好久不见了，最近一切都好吧？我最近晋升了，能给客户提供的服务范围扩大了，这在我的新名片上有介绍，我要专程送一张给您，您看是周三还是周四方便？”

**情景二：以更新名片内容为理由**

“张先生，上周我给您的名片上没有我家的电话，为了方便朋友联系我，我特意重印了一盒名片，我要专程送一张给您，您看是周三还是周四方便？”

## 4. 直接拜访法

（1）逢年过节、特别日子登门。

逢年过节、特别日子（如客户生日、乔迁之日），客户心情好，对于登门祝贺的“不速之客”不会介意。此时，拜访客户一定要携带礼物，礼物大小由自己拿捏。

（2）以“路过此地，特别登门拜访”为借口。

拜访时可说“到附近见一位朋友”“拜访客户”，或是“刚在附近成交一笔保单”；切不可说找不到朋友或客户，才有时间拜访他。一定要强调是“特别登门拜访”而不是“顺道拜访”。

（3）不找借口，直接拜访。

与其费尽心思为自己的拜访找理由，不如直接行动。虽然可能会因为比较唐突而容易碰壁，但却是让自己成长与锻炼胆量的机会。

相关链接

## 高端客户拜访要点

**1. 守时最重要**

这里的守时是指不仅准时到达，而且还根据预约时确定的谈话时间长短确定适当的谈话内容，以确保能在预定的时间内结束谈话。不要幻想你可以任意地延长谈话时间，高端客户的工作是极其有计划性的，每天的工作时间早就提前做好了紧凑的安排。

守时是良好严谨工作品质和诚实守信的体现。试想，如果我们连最简单的遵守约定的见面时间都做不到，又如何能期望对方相信我们的其他承诺呢?

**2. 说话要简明扼要**

高端客户多数有良好的保险意识和悟性，懂的保险知识甚至不会比我们少。所以，面对这样的高端客户时，大可以把我们常用的观念沟通范例放在一旁，直截了当地沟通，清晰简洁的思路会使对方很清楚你的想法。况且，约谈的时间有限，对方也不能无限期地让你讲下去，如果在有限的时间里东拉西扯地交流观念，讲些老掉牙的故事，那么也许等到真要谈正事时已经没有时间了。

**3. 要坦诚，不要夸夸其谈**

我们在给高端客户做自我介绍时，一定要记住：对方不是涉世未深的毛头小子，在他们面前说大话会显得很幼稚，因为他们了解的同类产品很可能比我们还要多，对这个行业的了解也会很客观。所以，我们不要自作聪明，不要过度吹嘘，客观真实地介绍才会让对方接受我们，虚假的高谈阔论只会使对方心生厌恶。

**4. 不要用说教式的口吻**

高端客户都是比较在乎颜面的人，就算有的保险代理人说得很有道理，但是如果说话语气不得当，像是在教育客户，那他们还会接受吗？所以保险代理人千万不能因为自己是行家，因为自己是对的，就不顾及对方的感受直言以对，一定要委婉一点，要给对方留足面子。

**5. 赞美要恰如其分**

在赞美时一定要根据对方的具体情况来，要适当，不要过分，表现出足够的尊敬即可。例如，赞美一个医生的时候可以说他心灵手巧、有爱心，而赞美一个公司老总的时候说他心灵手巧就不合适了。

**6. 找准需求点**

高端客户的需求都不一样。有的人很在意子女的未来和身体的安全；有的人更倾向于保证自己财产的安全，未必会去追求高风险高回报；还有的人只是考虑自己的安全和对家人的保障。这些需求点会影响到他们最终是否对你提供的计划感到满意。我们寻找的需求点越精确，客户就会觉得越贴身、越合适。怎么做呢？要像个优秀的裁缝记录尺码一样，通过询问记录下客户的每句话，分析总结出客户的需求。

**7. 说话中的避讳和禁忌**

我们在和客户交流时常常会用一些设想来让对方明白如果发生了一些不幸的事会是怎样的凄凉光景，讲得好倒也没什么，就怕会发生下面的情况，那就糟了。

有个保险代理人去拜访一位四十岁左右的公务员，交流的时候动辄就说您退休后会怎样怎样，帮客户设想他卸任后的光景。客户此时正在任上大展宏图，这位保险代理人却说人家退休后会如何如何，这样能招人待见吗？或者是拜见一位私营业主，和他大谈特谈如果公司倒闭又没有保障会有多么惨，那结果就可想而知了。

所以，在交流时一定要注意哪些可以讲，哪些不能讲，哪些要换个方式讲。

**8. 尊重客户的隐私**

高端客户的隐私意识比普通人都要高，所以我们在交流时一定要注意什么不该问，什么不能说，什么不能看，并且要郑重做出保密承诺。

**9. 能提供超值的服务**

我们在和高端客户交流时，如果能提供超值的服务，给客户提供更多的建议，且不仅仅局限于保险本身，那也会有很好的效果。

**10. 自身的素质要对等**

要想和高端客户平等交流，就要提高自己的职业修养和素质，并且要拓宽自己的知识面，这样可以寻找到更多的话题和共同语言。

**11. 不要急于求成，做好长期经营的准备**

对于很有主观意识的高端客户，我们没必要也不可能催促其尽快做决定。这类客户对一切事情都会保持高度的自主性，如果拿定主意自然会和我们联系。太急躁的催促只会使对方怀疑我们的服务质量和真诚。

**12. 定位好自己的角色，保持正确的距离**

有的保险代理人主张和高端客户成为真诚的朋友，这是一个很好的想法。但是，这要取决于客户希望我们成为一个什么样的角色，主动建立朋友关系也许会使一部分高端客户产生其他不必要的想法。其实，把自己定位为一个值得信赖的寿险顾问、一个可靠的专业人士即可。当然，客户如果已经把我们看作朋友，那就不必太生分了。

和高端客户交流乃至和所有的客户交流，都不能墨守成规，灵活娴熟地运用自己的专业技能，总结以往的经验教训，都会为下一次成功拜访奠定基础。但是有一点一定要坚持，那就是始终不变为客户服务的心。

**拓展训练**

与客户第一次接触后，保险代理人还可通过什么借口再次拜访客户？

1. ____________________

2. ____________________

3. ____________________

第四章

# 因人而异，设计保险计划书

## 情景导入

邓老师："前面我们讲了如何约访客户、如何再次拜访客户等内容。戏法人人会，只是巧妙不同。营销技巧的领域可以说变化无穷，没有一定的模式或规定，只要用心，任何人都可以创造出许多独具创意的技巧。"

"这节课，我们就来聊聊有关保险计划书的内容。大家都知道，保险计划书就是保险代理人根据客户自身财务状况和理财要求，为客户推荐合适的保险产品，设计最佳的投保方案，为客户谋求最大保险利益，同时又有助于客户理解和接受保险产品的一种文字材料。"邓老师接着说，"那我想问一下，你们觉得保险计划书重要吗？"

"当然重要，计划书做得好，解释得清楚，会让客户产生信任感，同时能让客户清楚地知道自己的保险利益，促使客户下定签订保险合同的决心。"小陆说。

"嗯，是很重要，保险计划书的制作是否贴身合心、解说是否清晰，将成为最终能否打动客户的关键所在。"小郑也说。

"不错，保险计划书的展示，在整个专业化销售流程中是很重要的一环，它是保险代理人和客户达成合作的前奏。

俗话说：好的开始是成功的一半。制作一份精彩的保险计划书，是你成功签单的第一步。然而，随着保险市场的日趋完善，保险销售队伍及销售形式的不断规范，个人投保人在购买一份符合自身需求的保险时要求也越来越高。其中一个显著的表现就是，要求代理人在前期与其接触的过程中就提供符合其需求的寿险产品以及一整套保险保障方案。

由此，自然就要求代理人能够提供一份完整的、令客户满意的保险计划书，同时，这也成为个人寿险营销过程中不可或缺的重要环节。一份优秀的保险计划书可以使保险合同的成交率大大提高，同时使代理人的展业工作达到事半功倍的效果。

既然保险计划书这么重要，那么这节课我们就来讲讲如何设计、制作、讲解保险计划书。”邓老师说道。

# 了解保险计划书

培训师的话

保险代理人要制作一份好的保险计划书，首先必须对保险计划书有一个正确的认识。制作一份完整的保险计划书看似简单，但实际上需要细心了解和周密分析。

## 一、什么是保险计划书

保险计划书就是保险代理人根据客户的个人或家庭状况、年龄、文化水平、投资偏好、财务状况、需求要点、风险趋势、消费习惯等具体情况，利用保险公司的保险产品进行优化组合，合理配置，以满足客户需求，并可以直观地向客户说明保险保障方案的说明书。简而言之，保险计划书就是保障方案的使用说明书。

## 二、保险计划书的重要性

对于保险代理人而言，保险计划书主要有以下两方面的作用。

### 1. 同业竞争的需要

价格虽然仍是保险企业之间业务竞争的重要筹码，但已经不是唯一的筹码了，且随着保险监管的进一步加强，保险市场竞争秩序的公正与公平水平进一步提升，非价格竞争手段如风险管理专业水平、保险服务等方面的影响日益凸显。保险计划书作为风险管理专业水平与保险服务的综合表现手段，对保险业务人员树立风险管理专家形象和塑造保险企业的专业品牌起到重要作用。

### 2. 客户投保决策的需要

随着消费者文化层次、保险意识的不断提升，投保行为将越来越规范化。不论是单位、团体还是个人，投保决策将更趋向于理性。保险计划书很好地回答了客户“为什么要买保险”“为什么要买这家公司的保险”等问题，迎合了客户理性投保的需要。

**七巧板**

随着中国保险市场竞争主体的逐步增加，以及保险经营方式逐步与国际接轨，销售保险的过程其实就是展示企业的专业与实力，与竞争者比服务和形象的过程。保险计划书作为一种销售武器，也作为一种体现专业水平的文本，发挥着它的独特作用。

## 三、保险计划书的格式

保险计划书须讲究章法和组织条理，内容要简洁系统且直观，从而使其更富有表现力。同时，还可适当穿插表格和图示，以避免版面平板单调。

比如，关于保障内容与保费计算部分，就可使用综合表格；而风险评估中有关建筑周围环境的信息可通过画图来直观表现；有关数据的变化也可用坐标趋势图来展示。

## 四、保险计划书的类型

保险计划书按不同的标准可分为不同的类型。

### 1. 按简易程度划分

保险计划书多种多样，格式不一，有简单的，也有比较复杂的。

如企财险、工程险、团体人身保险，由于涉及标的或保险对象繁多，分析因素众多，相应的保险计划书也比较复杂。例如，财产保险计划书需包含风险评估、防灾减损、保险建议及自担风险等内容；团体人身保险需要交代财税法律法规背景知识，年金类产品还要介绍账户管理情况等。

而一般分散性业务，如车险、家财险、个体工商户财产保险和个人及家庭人身保险等只需独立的保险计划书即可，属简单型。

### 2. 按设计风格划分

保险计划书还可分为制式化与个性化两种类型。具体如下图所示。

按设计风格划分保险计划书

### 3. 按险种组合划分

就保险计划书而言，还可分为险种组合计划书和单险种计划书。险种组合计划书包括不同主险的组合，也包含主险与附险的组合；单险种计划书往往只涉及对独立险种的保险建议。

**拓展训练**

不同险种的保险计划书，其格式不尽相同。那么，人身保险计划书应包括哪些内容？

1. ______________________________

2. ______________________________

3. ______________________________

## 设计保险计划书

**培训师的话**

保险代理人必须为客户准备全套式服务。在确定准客户后，需要针对客户设计制作保险计划书，按照参考标准，最后通过沟通完成保险计划书。

## 一、保险计划书的设计步骤

一份好的保险计划书能体现保险代理人的专业水平，得到客户的认同，激发客户的购买欲望。保险代理人要准确把握保险计划书的设计步骤，如此才能更好地为客户设计保险计划书。

### 1. 客户资料收集与整理

在设计保险计划书之前，保险代理人可通过与客户的洽谈和讨论，收集和掌握客户的一些资料，包括客户的基本资料、财务信息、风险状况、已有保障等，为下一步保险需求分析提供基础。

### 2. 保险需求分析

在掌握准客户基本资料的基础上，要对准客户的保险需求做出合理评估，以便下一步根据不同客户的不同风险特性和需求偏好，推荐真正让准客户满意的保险产品。

（1）个人和家庭保险需求。

个人和家庭保险需求主要包括寿险和非寿险两方面，具体如下表所示。

**个人和家庭保险需求**

| 序号 | 类别 | 具体内容 |
|---|---|---|
| 1 | 寿险 | 教育费用需求、生活费用需求、退休养老金需求、合理避税需求、家庭生活保障需求、医疗费用需求、储蓄保值需求等 |
| 2 | 非寿险 | 规避可能由火灾、爆炸、盗窃、抢劫、管道破裂及水渍、第三者责任等风险造成的经济损失 |

（2）企业团体保险需求。

企业团体保险需求具体如下表所示。

**企业团体保险需求**

| 序号 | 类别 | 具体内容 |
|---|---|---|
| 1 | 寿险 | 员工退休保障需求、员工和干部福利需求、合理避税需求、弥补社保不足需求、留住人才需求、创造财富需求等 |

（续表）

| 序号 | 类别 | 具体内容 | |
|---|---|---|---|
| 2 | 非寿险 | 保障需求 | 财产及其有关利益在发生保险责任范围内的灾害事故时，获得经济补偿的需求 |
| | | 保险标的 | 企业财产保险需求、运输工具保险需求、货物运输保险需求、工程保险需求、农业保险需求等 |

不同的企业团体在寿险需求方面是不一样的，具体如下图所示。

1. 三资企业 → 由于国外保险业发展已经相对成熟，因此这类企业大多优先考虑投保一些风险转移的险种，如意外险和医疗险，而不是费用较高的储蓄养老险种。当然，在满足客户的保障需求后，也可适时推出养老险

2. 国有企事业单位 → 由于受到思维习惯和观念的影响，这类企业大都热衷于一些回报率高的储蓄型险种，以此来提高员工的福利待遇和单位的凝聚力

3. 股份合作企业 → 该类企业的重大决策由于受董事会、监事会和股东大会的监督，所以它们既有着与三资企业相同的保险需求，也注重提高员工的福利待遇和企业的凝聚力

**不同企业团体的寿险需求**

### 3. 保险产品组合选择

在科学分析客户的保险需求后，就应该从满足客户需求、以最合理的成本获得最全面的保障、促进销售等原则出发为客户提供科学的

保险产品组合。

保险产品组合方式主要有三种，即主附搭配、功能搭配、不同保险期限或交费期限产品的搭配，具体如下表所示。

**保险产品组合方式**

| 序号 | 类别 | 示例 | 备注 |
|---|---|---|---|
| 1 | 主附搭配 | 主险与附加险之间的搭配，如主险+主险、主险+附加险 | （1）主险包括终身险、定期险、生死合险、年金险等<br>（2）附加险包括意外伤害险、意外医疗险、住院险、住院津贴险、附加定期险等 |
| 2 | 功能搭配 | 具有不同功能特性的险种搭配，如保障型、储蓄返还型、投资型产品之间的搭配等 | — |
| 3 | 不同保险期限或交费期限产品的搭配 | 如长期险与短期险的搭配 | （1）短期险包括财产险、意外险、医疗险<br>（2）长期险包括终身寿险、养老险、健康险 |

## 二、保险计划书的设计内容

保险计划书是了解客户和服务客户的重要工具，作为保险代理人，更应了解保险计划书都有哪些设计内容。

### 1. 封面设计

保险计划书的封面内容主要包括计划书的名称、客户姓名、计划书的设计人。同时应注明："本计划书仅供参考，详细内容以正式条款为准。"

### 2. 公司简介

公司简介主要包括保险公司的历史、发展现状和未来展望等内容。

### 3. 设计思路与需求分析

一般保险计划书要包括对客户做出的需求分析并进行说明，帮助客户明确他们的需求，这样便于让客户了解保险代理人的设计思路，并知道这份计划书是专门为其量身定做的，从而使客户产生对保险代理人的信任感并重视计划书。

### 4. 计划特色

主要介绍该计划书的综合特点和综合保障利益等。

### 5. 保险利益内容

主要包括保险金额、保险费用、保险期限、缴费方式、各项保险利益的详细说明、效益分析等内容。要让客户知道，这份计划书究竟能够解决什么问题以及他能够得到什么具体的保障。特别是在面对较复杂的企财险、工程险等时，鉴于保费谈判有较大弹性，并且保险企业常常会面临同行的价格竞争，为了让本企业的现行费率更具说服力，保险代理人可采用费率比照法说服客户。

### 6. 辅助资料

其他有助于说明此份计划书的信息、资料、宣传彩页等内容。

### 7. 结束语

适当地加进一些祝词，以体现对客户的关心或祝福，也可以写一些有关保险的名人名言。

## 三、个人及家庭保险计划书的设计

保险代理人须在对准客户的具体情况进行大致了解，找到准客户的需求点和购买点的情况下，根据适当的需要、所能负担的保费、所需要的保额为其搭配，量身设计保险计划书。个人及家庭保险计划书的设计原则如下图所示。

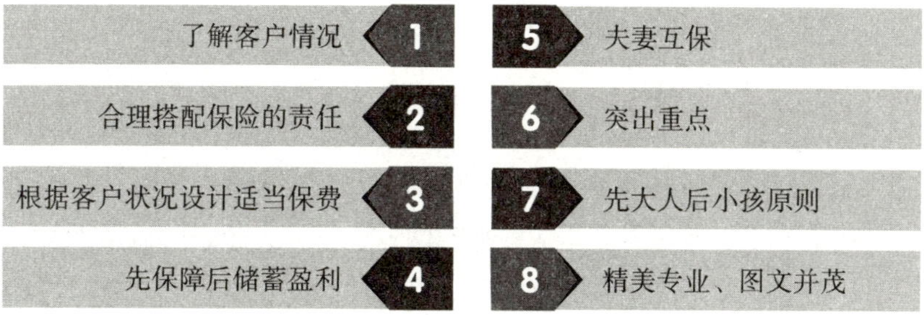


个人及家庭保险计划书的设计原则

### 1. 了解客户情况

保险计划书应该是在了解客户的具体情况，找到客户的需求点和购买点之后，再根据客户的财务状况和实际需求，合理搭配，量身定制的。可以通过面谈或问卷调查分析的方式来找准客户的购买点或需求点。

### 2. 合理搭配保险的责任

确定保险责任的主要根据是客户所面临的风险。在设计保险计划书时，保险代理人要认真分析客户的主要风险和次要风险，然后确定承保责任。每个人的年龄和职业不同，风险不同，对保险的需求也不同。

### 3. 根据客户状况设计适当保费

（1）保费设计应根据客户的收入水平决定，因为保费太高会对客户的日常生活造成影响，甚至会因此而给客户带来交费风险。一般以个人或家庭年收入的15%～20%为合理的保费支出。

（2）保险代理人在设计保险计划书时，还应该考虑客户的续期付费能力，以确定缴费方式。如果客户收入稳定，可设计为年缴。对一些收入不稳定的客户，如一些个体户和私营业主，可以建议他们趸交。

（3）如果购买的是保障型险种，以年收入的5%～10%作为保费就足够了。总的来说，保费要根据不同的客户需求和险种匹配来确定。

### 4. 先保障后储蓄盈利

保障型的险种花费少，但可以得到很好的保障，获得巨额的赔付。但保障型险种有两个非常关键的问题：首先，核保时比较严格，不容易通过，因为保险公司需要承担很大的风险；其次，在年轻时购买，其保费相对较便宜，随着年龄的增长，保费会大幅增加。

### 5. 夫妻互保

在日常工作中，保险代理人通常是先认识客户家庭成员中的一方，因此许多保险代理人只设计了单方保障的计划书。其实，保险代理人首先应对客户的家庭状况有一个充分的了解，然后以家庭为单位为客户设计保险计划书，让夫妻双方互相投保，互为受益人，做一个完整的家庭保障。

### 6. 突出重点

好的保险计划不是面面俱到的，因为这样保费较高。所以应突出重点，以客户的主要需求为主。

### 7. 先大人后小孩原则

许多家庭都是以孩子为中心，认为孩子应有保障。实际上，这样做并没有实质性的好处。保险代理人在为有小孩的客户设计保险计划书时，一定要坚持先大人后小孩的原则，相信明智的家长都会接受这个建议。

### 8. 精美专业、图文并茂

一份精美专业、图文并茂的保险计划书，再配以保险代理人准确、生动的讲解说明，能给客户直观可信的感觉。让客户在这份保险计划书上认识到保险的价值，认定保险是解决后顾之忧的最佳途径，从而产生认知感和购买欲，达到最终促成签单的目的。

## 四、团体人身保险计划书的设计

团体人身保险是指投保人为其特定团体成员投保，由保险人用一份保险合同提供保险保障的一种人身保险。

### 1. 计划书的结构

团体人身保险计划书可分为核心保险福利计划和员工自选保险福利计划两大部分。具体如下图所示。

团体人身保险计划书的结构设计

### 2. 缴费方式

团体人身保险计划书的缴费方式可分为单方缴费和双方缴费。单方缴费由单位或员工单方承担保费缴纳义务，双方缴费由单位和员工分担保费缴纳义务。

### 3. 筹资方式

（1）保费的筹资方式可分为单位财务代扣缴、单位财务代收缴和员工自缴。

（2）筹资周期可分为月缴、季缴、年缴或不定期缴。

（3）账户形式可分为公共账户和个人账户，公共账户由单位付费，个人账户包含单位付费部分和个人付费部分。

### 4. 模板

模板一般包括以下几个部分：客户保障现状和需求分析、方案推荐、经典案例、手续和服务措施、政策支持、保险商业绩报告、保险顾问资料等。

### 5. 注意要点

保险代理人在设计团体人身保险计划书时，要注意下图所示的几点。

1 要善于包装，如方案的命名要突出保障的作用、善用案例等

2 要提供多种计划供客户选择

3 着重挖掘产品的内在功能，使相关功能与客户的个性需求有效对接

**团体人身保险计划书的设计要点**

**拓展训练**

在设计保险计划书时，对个人、家庭、团体应分别注意哪些细节？

1. ______________________________

2. ______________________________

3. ______________________________

# 讲解保险计划书

**培训师的话**

如果只是让客户自己看保险计划书，保险代理人不进行讲解说明，客户可能不会看你的保险计划书，即使看了也不一定明白，更不会产生购买欲。所以，对客户进行保险计划书的讲解是非常必要的。

## 一、讲解保险计划书的步骤

保险代理人对保险计划书进行说明就是为了便于客户加深对保险方案的认知，并因保险代理人详细生动的讲解而产生购买欲。保险代理人在向客户讲解保险计划书时，可按下图所示的步骤进行。

讲解保险计划书的步骤

### 1. 确认客户的需求

在说明保险计划书之前，你可以提醒客户，在以前的洽谈中客户提出过哪些需求。这样做是为了保证客户的需求与保险计划书中的内容切实符合，以避免客户因为需求与保险计划书不符合而拒绝。

### 2. 解析潜在问题

潜在的保险客户一般经济条件较好，身体健康、收入稳定，所以往往会忽视了保险的重要性，没有想过万一发生什么事，他们的家人会面临怎么样的困境。所以，要通过你的描绘使他有切实的体会和警觉，从而引发其对保险产品强烈的购买欲望。

### 3. 提出建议

当客户了解潜在问题后，一般会有一种紧迫感，此时保险代理人可以拿出自己的保险计划书，逐页地对保险计划书进行说明。

当你就保险计划书上的摘要对客户做出说明之后，客户焦虑的心情通常会放松下来。客户会开始问一些更详细的问题，这时你就可以翻开保险计划书后面的内容进行具体的介绍，通过说明来解答客户的疑问。

要诚实回答客户提出的问题，而且要将他的注意力导入“这些附注对您的好处是……”。这样，不但回答了客户的问题，还可以让客户对产品、保险代理人、保险公司有进一步的了解和信任。

## 实战话术

**情景：帮助客户分析产品**

“刘先生，我建议的这个寿险产品组合是这样考虑的：假如在保险期内出现了不幸身故的情况，至少可以领到60万元的赔偿金，如果是因为意外，那么还可以领到80万元的意外身故保险补偿，总共可以领到140万元。这样，不但可以还清贷款，家人的生活也可以有个保障，刚才我们担心的问题就可以解决了。当然，绝大多数情况下，意外情况是不会发生的，那样您就可以连本带利地拿回保金，而且还不用交利息税。”

### 4. 促进成交

当做完这些说明后，如果客户没有再提出异议，保险代理人就可以通过前面所讲的推销技巧来促进成交。需要注意的是，遭到客户拒绝是非常正常的事情，犹如菜市场中的讨价还价。保险代理人要坚信，只要这个客户有购买保险的需要，有能力负担保费，你设计的保险计划书确实可以解决他的问题，让他得到满足，他就值得你锲而不舍地去努力。

## 二、讲解保险计划书的技巧

保险代理人在向客户说明保险计划书时，要有备而来，做到讲解内容简单化、数字功能化、解说生活形象化、业务熟练化，避免忌讳用语，保持耐心和微笑，确定客户完全了解了保险内容。

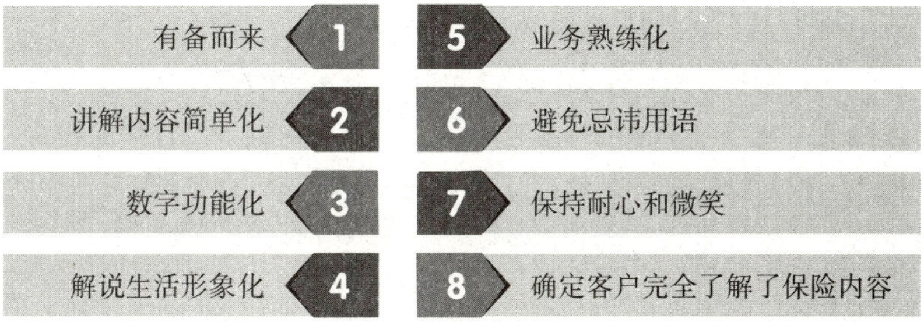


**保险计划书的说明技巧**

### 1. 有备而来

保险代理人在拜访客户时，除了要注意穿着、调节心态以外，还要带上说明的辅助工具，比如笔记本电脑。与客户见面坐定后，一定要记得做好一件事情：把所有的相关资料和工具都拿出来，千万不要需要什么再从包里拿，这样会严重影响或打乱讨论的节奏和顺畅感，也会使你显得手忙脚乱、信心不足。

### 2. 讲解内容简单化

一份综合保险计划或者一个家庭保险套餐涉及的内容非常多，对于不太了解保险的客户来说，要在短时间内将所有内容完全消化吸收是很困难的。这就要求保险代理人能够做到主次分明，选择出最主要、最关键的需求点进行充分的讲解，而另外一些只要做简要说明即可。

### 3. 数字功能化

要善于改善环境，将枯燥的数字描绘成美丽的画面，把钱变成解决实际问题的工具。

对于那些用来辅助说明的数据资料要了解清楚，比如储蓄、股票、债券等数据要真实可信，标明时间点和出处，这样其才能成为保险计划书的有利佐证。

### 4. 解说生活形象化

为了让客户更好地理解保险产品，了解保险的作用和保障功能，保险代理人要尽量避免使用专业术语，而用生活化、口语化的语言形象地表达。有时要使用与客户生活息息相关的例子来辅助说明，以加深客户的印象，使他们产生美好的想象。

### 5. 业务熟练化

保险代理人应对保险条款、保险费率、服务流程、其他公司同类产品等情况非常熟悉，这样才能在客户面前呈现出专业、权威的形象，只有当你表现得很专业时，客户才会放心地购买。

在讲解说明的过程中，尽量不要与其他公司的产品进行比较，如果客户特别要求，保险代理人可以这样介绍：“每家保险公司的保险产品在保险责任上会有不同的侧重点，因此不可能有完全相同的产品。但同类型的预定利率差别不大，所以对消费者来说，选择最适合自己的保险才是最重要的，我们现在介绍的产品组合就是根据您的切实需要特别设计的。”

### 6. 避免忌讳用语

中国人向来比较忌讳“伤残”“大病”“死亡”等词汇，所以保险代理人在对保险计划书进行说明的时候要尽量避免这样的字眼，而选择比较温和的词语来替代。

当实在回避不了的时候，也千万不要说“你”“您”“他”这样的字，不要说“您如果伤残了可以获得赔付多少”，而要用“我”这个字，比如，“如果我出现这种情况……”。

### 7. 保持耐心和微笑

在讲解说明的过程中始终保持微笑，努力创造一个轻松愉快的环境，以消除客户的紧张感。面对客户的疑问要有足够的耐心，不能有不耐烦的表情。

当客户对某一个问题反复提问的时候，表明他对这个问题的关注程度较高。保险代理人要记住，当客户针对某一个问题讨价还价的时候，就意味着他准备要付钱了。

另外，在实践中可以适当地赞扬客户提出的问题，以给他更多的信心。

比如，“从您提出的这个问题上就能看出您对财务方面真的有不少研究”“您可真是一个细心的人”，等等。

### 8. 确定客户完全了解了保险内容

在讲解说明的过程中要经常询问客户对刚刚讲过的内容是否真正了解，要保证你的客户真的了解了保险计划的内容。如果客户有不懂的地方，要重新给他讲解一遍，加深他的印象。

## 实战话术

### 情景一：向客户讲解“保本增利”产品

“我们公司为了满足广大用户的理财需求，回馈客户，特别在国庆期间，推出了一款集养老、保障、理财于一体的分红型新产品，名字也好听，就叫‘×××’（一边说一边用手指向‘×××’三个字，加深印象）！就是祝福您家里的日子年年都红红火火（真诚地看向客户）！这种理财方式的特点就是保本增利（一边说一边用手指点向‘保本增利’四个字）。”

‘保’，就是自打缴纳第一笔保费开始，您就有高额保障了，买保险不就是为了买保障吗？而且跟别的产品比，花一样的钱，得双倍的保障。便宜、实惠，更踏实！‘本’，就是满期时本金保证返还，辛苦挣钱不容易，安全第一。‘增’，就是保险公司每年给您分红，分的红年年增长，让您的保障也越来越高。‘利’，就是利益的增长，在有保障的同时，还能让您的钱生钱。您看这四大特点，还不错吧（话语真诚，面向客户）？”

### 情景二：向客户讲解可获得的利益

“张姐，为了让您进一步了解这款产品，这里正好有位与您年龄相仿的客户的计划，给您讲一下。35岁的王女士为自己每年缴××元，缴××年，共缴××元。她将获得以下利益：在她55岁时可一次性领取××元，作为养老金或子女婚嫁金的补充（保本）；在这20年中，她将拥有基础保障××元，如果发生意外事故的话，她将获得至少××元的保障金，就像保护伞一样，能够保护她的家人（保障）；更重要的是，她每年还可以参与公司的分红（红利），她的身价将随同年龄一起增长，最高将获得××元（增额）。”

**情景三：向客户讲解养老分红型产品**

“艾先生，上次您说起对今后的养老与医疗保障感兴趣，我回去根据您的情况为您量身定做了一份保险计划书，这份计划书一共拥有高达××元的保障。在今后的30年中，如若一年以内有重大疾病的话，公司将补助××元的医疗补助金；若一年以后有重大疾病的话，将一次性给付××元。仅凭医院的诊断证明等相关材料即可领取。先拿钱，后看病。在这30年里，您还将拥有高达××元的人生意外保障，为家人撑起一把保护伞。

当然，我们都希望一生平平安安。等您60岁时，我们将会一次性给付您××元外加30年累计的年度红利和我们特有的终了红利，作为您的养老补充金，按中等红利测算都有××元。

这样一份长达30年，高达××元，最后还有一大笔养老金的财务规划，一天只需××元，您说是不是很便宜？您看对这份计划还有什么需要了解的吗？”

**拓展训练**

保险代理人在给客户讲解保险计划书时，应重点说明哪些内容？

1. ____________________

2. ____________________

3. ____________________

# 第五章

# 有效沟通，打开客户的心门

## 情景导入

邓老师："上一堂课我们共同学习了有关保险计划书的内容，相信大家对于如何设计、讲解保险计划书都有了一个全面的认识。这节课我们就来讲讲如何与客户进行有效沟通。

"大家都知道，对于代理人来说，与客户的有效沟通十分重要。对于我们从事保险销售行业的代理人来说，有效沟通就更重要了。由于保险销售的是无形商品，是一种对未来美好生活进行提前规划的理念，所以我们代理人要与客户做好沟通才能打开客户的心门，赢得签单的机会。现在，我想请大家谈谈你们在平时是如何跟客户进行沟通的，在沟通中需要注意些什么？"

小文说："我觉得在与客户沟通时，要学会察言观色，以此来揣摩客户的心理，再采取相应的应对措施。"

小郑说："我一般在与客户沟通时，会主动询问客户的想法，认真听取客户的意见，以便了解客户的真实意图。"

小王说："我认为在与客户沟通时，要注意营造一种和谐的气氛，使双方能愉快地交谈，这样才能对客户进行深入的了解。"

……

"非常好，大家说得非常好！沟通有很多种方法，因人而异，对不同的客户要采取不同的方法，在不同的场合也要采取不同的方法。重要的是，沟通还有一定的技巧。"邓老师说道。

"据统计，很多代理人在拜访陌生客户时成功率比预期低，甚至远远低于正常水平，其中最主要的原因就是没有注重沟通的方式，没有讲究沟通的技巧。

大家都知道，做事情，如若讲求一定的技巧往往会起到事半功倍的效果。与客户沟通也一样，讲求一些沟通技巧往往能提升与客户沟通的效果，进而促使销售获得成功。

下面，我们就来看看如何与客户进行有效沟通。”邓老师说。

# 揣摩客户心理

培训师的话

保险推销不仅要与客户多次重复商谈，还要顶着可能会失败的巨大压力。与客户接触时，揣摩客户内心对保险的态度，分析客户是否有购买保险的意愿，对保险推销有积极的作用。

## 一、判断自己是否受欢迎

保险代理人在敲开客户家门时，可以通过其反应来判断自己是否受欢迎。具体如下表所示。

**判断自己是否受欢迎**

| 序号 | 类别 | 具体内容 | 备注 |
|---|---|---|---|
| 1 | 未请进门 | （1）表示客户对保险代理人没有亲切感，怀有戒备心理<br>（2）对保险缺乏了解，缺乏兴趣和需要 | 主动呈上工作证或名片，诚恳请求进屋谈谈，这样可以使客户放下戒备心理，还有可能争取到进屋谈话的机会 |

（续表）

| 序号 | 类别 | 具体内容 | 备注 |
|---|---|---|---|
| 2 | 握手力度 | （1）对于握手有力的客户，应立即主动介绍自己的身份和来意，要在精神状态上与其持平<br>（2）对于握手无力的客户，不要太主动，首先要消除对方的顾虑 | 对处于不安状态中的客户，必须取得对方的信任，才可能有进屋面谈的机会 |
| 3 | 蛮横态度 | 保险代理人刚刚介绍完，客户就表现出蛮横不讲理的态度 | 冷静地应对客户的蛮横 |

## 二、观察客户是否有购买意向

保险代理人应该注意观察客户，判断其是否有意购买保险。主要通过客户的坐姿、表情、视线、动作、语言五个方面来进行观察。

### 1. 坐姿

（1）客户与保险代理人坐的位置越靠近，表明态度越友好；而坐的位置越远，表明对保险代理人的抵触情绪越大。

（2）客户逐渐向保险代理人靠拢，表示他正逐渐接受保险代理人。

（3）客户坐在对面是想让保险代理人了解他。

（4）坐在旁边突然扭转身体面朝着保险代理人，可能表示对保险有不解之处，也可能表示对保险有新的兴趣。

### 2. 表情

从客户不同的表情上可以看出其真正的想法，保险代理人需要注意各种细节。一般主要会有三种情况，具体如下页图所示。

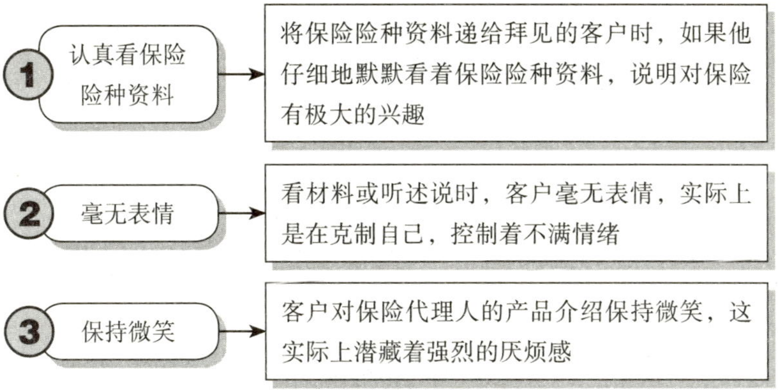


**客户不同表情的想法**

### 3. 视线

（1）客户的视线没有对准保险代理人，这说明他对保险毫无兴趣或毫不在意。

（2）如果客户先移开视线再与保险代理人说话，表示他可能对保险代理人有厌恶的情绪。

（3）如果双方正在说话，客户有时会突然垂下眼睛，表示客户沉浸在思索中，正在整理自己的思路。

（4）客户抬起眼睛并再度有规律地眨眼，这种表现可以认为是成交信号。

### 4. 动作

（1）客户如果背对着保险代理人，表明客户对保险持强烈拒绝的态度。

（2）客户把手放在头上或用手敲头，表明客户对保险有关问题正在进行深入的思索。

（3）如果客户放在头上的手不停地动着，表示客户思考不下去。

（4）在双方交谈中，如果客户盘起腿，那么是想向保险代理人表示自己处于优势。

（5）客户的手不停地在口袋中进出，表示他想消除自己的紧张情绪。

（6）客户请保险代理人抽烟或喝茶，表示客户接受了保险代理人或接受了保险宣传。

### 5. 语言

保险代理人可以通过客户的语言来判断其是否有购买保险的意图，具体如下表所示。

**客户的语言**

| 序号 | 类别 | 暗指含义 |
|---|---|---|
| 1 | 频频表示“我知道” | 不愿听保险代理人说下去而又不好意思直接表达，这实际上是一种委婉的拒绝话语 |
| 2 | 滔滔不绝 | 感到不满 |
| 3 | 表示不满 | 不便批评保险的服务及保险的其他问题，只好转而批评第三者如社会保险、银行储蓄等，以发泄不满 |
| 4 | 转移话题 | （1）不小心将话题扯远<br>（2）一时心血来潮，突然联想到他得意的事<br>（3）故意改变话题，不愿意再谈关于保险的事 |
| 5 | 特别和善 | （1）比较容易推销的对象<br>（2）拒绝购买保险的信号 |

**拓展训练**

在与客户沟通时，保险代理人还可通过哪些情况来判断客户是否有购买意向？

1. ____________________

2. ____________________

3. ____________________

# 倾听客户意愿

培训师的话

在整个销售沟通的过程中，客户不会只是被动地接受劝说和聆听介绍，他们也需要表达自己的意见和要求，也需要保险代理人认真地倾听。

## 一、积极倾听

保险代理人要想成为一个好的倾听者，可以从下图所示的几个方面入手。

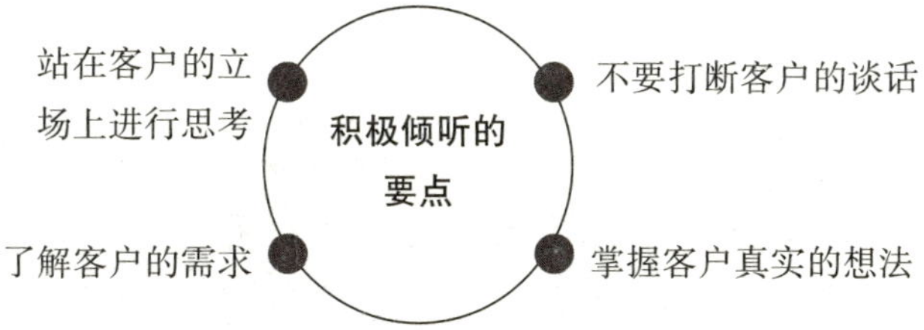


积极倾听的要点

### 1. 站在客户的立场上进行思考

每个人都有自己的立场及价值观，因此，保险代理人必须站在客户的立场上，仔细地倾听他所说的话，不要用自己的价值观去评判别人，体现对客户的尊重。

### 2. 了解客户的需求

站在客户的立场上倾听他的需求，适时地向客户确认自己所了解的是不是他的想法，这种专注的态度能激发客户表达真实的想法。只有让客户充分表达他的想法以后，才能更好地满足他的需求。

### 3. 不要打断客户的谈话

在倾听的过程中，保险代理人不要插话，也不要打断客户的谈话。如果随意打断客户的谈话，往往会引起客户的反感。

### 4. 掌握客户真实的想法

客户通常不会把真实的想法告诉保险代理人，他也许会用借口或不真实的理由搪塞而不愿说明真实的原因，因此，保险代理人必须尽可能地把握客户真实的想法。

## 二、有效倾听

保险代理人在与客户沟通的过程中，要想做到有效倾听，应注意以下事项。

（1）放下手中的工作，双手交叉放在膝盖上，坐直，身体稍向前倾，以示专心，露出全神贯注地听的表情。

（2）客户笑时也要跟着笑，客户生气时也要表示生气，客户同意时也要表示同意，表现出完全进入客户所讲的内容里面。

（3）摒除偏见，心平气和、心无成见地聆听；不要插嘴，那会打断客户的思绪，引起不快；还没听客户说完不要太早下结论。

（4）用行动让客户知道你在听他说话，用眼神接触，并发出附和声。

（5）注意与客户的目光交流，不要讨论，对较重要的话做好记录。

（6）在每句话中间进行思考，应随时利用间隙将说话人的观点与自己的观点进行比较，回味说话人的观点、意图，预想好自己将要阐述的观点和理由。

（7）聆听弦外之音，暗示的事比明说的事还要重要，要真诚地鼓励和帮助客户寻求解决问题的途径，出现冷场时可以接着客户所说的内容，用“为什么”“怎么样”“如何”等疑问词发问。

（8）提出问题以确定自己了解客户表达的意思。要注意总结、概括，重申客户讲话中对自己有利的内容。

（9）不要太在意客户话语中错误或偏激的观点，尽力维持中立的原则，不因自己的好恶而影响客户。

（10）谈话时心里想的应该是解决问题的办法，不要渲染问题。保险代理人应当是一个以解决问题为导向的听众。

## 三、正确地发问

其实，倾听不只是听，关键时刻也需要提出问题，因此必须掌握正确的发问方式，以此获取更多的信息。

### 1. 开放式发问

提出能够给予客户发挥余地、讨论范围较大的问题，以便获取信息。即使你不想要答案也要提问，借此观察客户的反应和态度的变化。常用词语有“谁”“什么时候”“什么”“哪里”“为什么”“怎么样”“请告诉我”。

比如：“您想一下事情为什么会发生呢？”“您认为有其他的原因吗？”

### 2. 清单式发问

提出具有多种选择的问题，目的在于获取信息，鼓励客户按优先顺序进行选择。

比如："目前，您不看好这款产品的理由是什么呢？觉得保障额度不够？收益不大？保费不合理？"

### 3. 假设式发问

让客户展开想象，探求客户的态度和观点。目的在于鼓励客户从不同的角度思考问题。

比如："假设我们事先考虑了这个问题，结果会怎样？"

### 4. 重复式发问

重复信息以检验客户的真实意图。目的在于让客户知道你听到了这样的信息，并检验所得到的信息是否正确。

比如："您谈到的想法是？""您刚才说的是？""如果我没有听错的话？""让我们总结一下好吗？"

### 5. 激励式发问

目的在于表示对客户表达的信息感兴趣和理解，鼓励客户继续同自己交流。

比如："您说的是……这太有意思了，当时您是……""刚才提到……真是太有挑战性了，那后来……""这太令人激动了……您可不可以就有关……"

### 6. 封闭式发问

目的在于得到肯定或否定的答复。常用的词语包括"是不是""哪一个""有没有""是否"。

比如："过去是否发生过类似的情况？""对于这两种方案，您更倾向于哪一种？"

相关链接

## 不正确的态度影响倾听

耳朵又没有开关，“听”还不简单？“听”还不容易？“听”对我们来讲就是小菜一碟。没错，人有两耳，只要不是先天失聪，掉根针都能听得见，耳朵有时甚至“都能听出茧子来”！但是在职场上沟通不畅的直接原因就是，许多人不注重倾听，不会倾听，更进一步说，大多数人在倾听心态和倾听能力上存在着缺陷。

**1. 无心倾听**

当我们正尝试倾听身边人讲话时，大脑被其他事情所占据。这样会妨碍我们倾听对方传达的重要信息，或是漏掉对方正在强调或者重复的一个短语或者一个词，又或是漏掉对方短暂的停顿，这些细节都传达了讲话者的态度。无心倾听会错过很多有效信息。

有时讲话者为了讲解清楚事件的来龙去脉，不得不把重要的信息，比如重要的事实、意味深远的结论放在后面。于是，总体上来看，讲话者发出的信息越来越重要，可是倾听者接收的信息却越来越少、越来越零散，而积累的倾听偏差则越来越大。

**2. 没听装听**

倾听者完全没有注意讲话者所说的话，假装在听其实却在考虑其他毫无关联的事情或内心构想着辩驳的内容。他更感兴趣的不是听而是说。这种层次上的倾听，是将倾听到的支离破碎的内容按照自己的思维方式拼凑起来去理解对方，或将自己的主观臆断强加给对方，导致双方的沟通难以进行，甚至出现冲突和关系破裂。

**3. 只听字词**

倾听者主要倾听讲话者所说的字词，很多时候会错过讲话者通过语调、身体姿势、手势、脸部表情和眼神所表达的完整意思。当然，人际沟通的关键是对讲话内容意义的理解，但讲话者的情感、举动是对其语言的强化和补充。有时倾听者是通过点头来表示正在倾听，而不是表示同意讲话者的观点，而讲话者可能误以为所说的话被完全认同了，这将导致误解、错误的举动、时间的浪费和对消极情感的忽略。

**4. 选择性倾听**

选择性倾听是一个优秀倾听者的特征。这时倾听者会在讲话者的信息中寻找感兴趣的部分，他们认为这是获取新的有用信息的契机。高效率的倾听者清楚自己的个人喜好和态度，能够更好地避免对讲话者做出武断的评价或是受到过激言语的影响。好的倾听者不急于做出判断，而是对他人的情感感同身受。他们能够设身处地地看待事物，用询问而不是辩解的方式解决问题。但是对于大多数普通人来讲，选择性倾听并不适用。

**拓展训练**

保险代理人在与客户沟通时，不光要自己讲，还要听客户讲，在听客户讲时要注意些什么？

1. ________________

2. ________________

3. ________________

# 营造和谐交谈气氛

培训师的话

沟通需要氛围，这种氛围，与人的心理感受息息相关。保险代理人在与客户沟通时，要善于营造和谐的沟通氛围，使客户进入一个良好的沟通状态。

## 一、鼓励客户参与

在与客户交谈时，保险代理人不但应该表现出有兴致和赞同的态度，还应该鼓励客户多说，使客户有一种被认同的强烈感受。如果想使客户进一步敞开心扉，就多表示同情、理解和共鸣，让客户知道，你是在设身处地地为他着想。

## 二、寻找共同话题

在与客户初次接触的过程中，可以通过拉家常的方式进行交谈，尽量选择轻松的话题或客户感兴趣的事情，耐心倾听。

对于初次见面或者不够熟悉的客户，保险代理人可以选择一些常见话题，如气候、新闻、时事、运动等，这些大家都有所了解，易于交谈。

### 1. 气候

气候是最容易交谈的话题，因为人人都可以感受得到。以气候为话题，一般是在天气出现显著变化的时候。

比如，刚入夏天气骤然变热的时候，冬天下第一场雪的时候，出现罕见沙尘暴天气的时候，等等。

以气候为话题时，开头语通常是“今天天气真不错啊”“这几天又升温了，真热啊”“好久没有下雨了，感觉好干燥”之类的。

### 2. 新闻

以新闻为话题交谈的对象一般是老客户。如果知道客户的喜好那是最好不过了，可以谈谈客户比较关注的新闻。

比如，客户爱看NBA比赛，就可以谈谈昨天的球赛，尤其是客户喜欢的球队、球星；如果客户喜欢汽车，则可以谈谈最近看到什么好车之类的。

如果不知道客户的喜好，你就要小心一点，最好先试探性地提及，如果客户不感兴趣，就赶紧停止该话题。

以新闻为话题时，开头语可用“昨天央视一套直播……”“我刚刚听说……”“哎，××又开始比赛了，脚伤应该恢复了……”等。

**相关链接**

## 与客户交谈应避免的话题

在与客户交谈中需要避免以下话题。

（1）有关政治及宗教方面的意见，以免发生冲突从而影响沟通。

（2）客户不知道的知识，以免让客户感觉保险代理人轻视自己。

（3）不景气的消息，以免影响客户的购买欲。

（4）说同行竞争者的坏话，以免显得没有风度。

（5）对上司、同事、公司的不满。

（6）其他客人的秘密，以免显得自己不能保密。

（7）易被拆穿的谎话，以免显得轻浮，进而导致客户的不信任。

（8）如果客户是女士，就应避免涉及身体和容貌的话题，否则容易得罪对方。

## 三、引导客户产生自我价值感

对于保险代理人来说，语言是引导客户产生自我价值感的关键。通常一个人是不会在所有人面前都产生自我价值感的。当没有自我价值感的时候，他所表现出来的状态通常是寡言少语，这个时候不容易有很好的沟通效果。客户的自我价值感可以通过保险代理人的引导，并结合他自己的心境产生。

## 四、巧妙运用幽默

幽默可以拉近保险代理人与客户之间的距离，达到意想不到的效果。

在拜访客户的过程中，保险代理人如能巧妙恰当地运用幽默，就可以使紧张的气氛变得缓和，严肃的话题变得轻松，棘手的问题便能迎刃而解了。

## 五、学会恰当赞美

作为一名保险代理人，要学会发现美、寻找美，养成赞美别人的习惯。在沟通中巧妙地运用赞美，将会事半功倍。

## 六、融入客户生活

如果到客户的公司时，他正忙着，手上有一叠文件要打印，这时可以帮忙。如果在他家里，他要倒水给你，这时你可以说："不用客气，厨房在哪里？我自己来。"借助这些技巧在拜访时往往会收到意想不到的效果，但需要善加运用。

## 七、善于转移话题

当客户的兴趣减弱，只是重复一些没有新意的内容的时候，保险代理人就应该换个话题了。转移话题的方法很多，比如：可以停止谈论旧话题，沉默片刻，让其他人讲一些话，从中引出新话题；在谈话中断后，再谈一些旧话题里涉及的问题，或直接转移话题。

### 实战话术

**情景一：朋友叫我别买保险**

**客户：**"我的朋友说不能买保险。"

**保险代理人：**"好啊！不过是不是请您的朋友到您府上来一趟，我要当着您和他的面告诉他，是他叫您不要买保险的，我可以不办您的保险。"

**客户：**"这样不好吧，没那么夸张。"

**保险代理人：**"当然我只是开个玩笑罢了，我希望他能同意一件事，就是他收下您原来要买保险的这些钱，然后拿出白纸写下一份保证书：保证您今年的安全由他负责；保证如果您有任何意外由他负责赔偿；要是因为生病或自然因素导致的生命事故，他最少要赔200万元，意外身故他要赔偿400万元，意外及生病的医疗费用由他支付，患上癌症除了医疗费用外，还要补助每天的营养费；太太、小孩的医疗及意外统统由他负责；还有，在意外造成工作停顿时，收入的损失也要由他补偿。”

**客户：**“他肯定不可能给我那么多赔偿了。”

**保险代理人：**“那就对了，因为他是您的好朋友，是他让您不要买保险的，作为好朋友他也一定很关心您和您家人的安全问题，如果他愿意代替我们承担这些责任，那么请他收下您原来要买保险的这些钱，并给您承诺，好吗？”

**情景二：满期金比缴的保费少，划不来**

**客户：**“满期金比缴的保费少，划不来。”

**保险代理人：**“一部车子10多万元，一年花几千元的保费，出了些小事故，保险公司会理赔；若是大事故，比如车子丢了，保险公司肯定不会全赔；无大事故，可继续承保，但需逐年折旧。”

**客户：**“这和人身保险有什么关系？”

**保险代理人：**“这些您都不计较，而我提供给您的这个保险建议，同样是几千元的保费，出了小事故，不但要赔偿医疗费用，依状况而定可能还会对您的时间损失付出赔偿；遇到大事故，赔偿额少说也有20万元，而且随着年资的增长，保额不但不会越来越少，反而逐年增加。像这样的保险，您还有什么不满意的呢？”

**拓展训练**

在与客户沟通时，保险代理人应如何恰如其分地赞美客户，使沟通顺利进行？

1. ______________________________

2. ______________________________

3. ______________________________

## 掌握沟通的技巧

**培训师的话**

俗话说："一句话使人笑，一句话使人跳。"因此，保险代理人在对客户进行服务时要掌握一定的沟通技巧，讲究沟通的艺术性才能进行积极有效的沟通。

### 一、充分准备洽谈内容

保险代理人拜访客户前，需要仔细思考，准备充分，把所有的销售要点认真检查一遍。保险代理人需重点检查以下几点。

（1）是否清楚自己将要向客户销售的保险产品具有哪些优点和特性。

（2）该产品能为客户带来哪些好处，客户的性格特征如何。

（3）应采取何种方式切入主题等。只有深思熟虑后运用适当的技巧才能使推销顺利进行。

七巧板

在进行保险销售之前和在此过程中，保险代理人一定要充满信心，充分调动自身的一切积极因素和影响力，保持良好的精神状态，调整好情绪，采取客户易于认同的方式来打动客户。

## 二、洽谈前快速检查

当保险代理人来到客户的办公室时，要做好最后的快速检查。

（1）迅速回忆每一条销售要点。保险代理人最好把要点写在客户的目录卡上，在交谈前快速地浏览一遍。

（2）设想一下将要面临的询问，准备好回答方式与语言。

（3）考虑客户将要提出什么意见或疑问，自己应如何解决。

（4）思考要为客户解决哪些问题，最后的洽谈底线是什么。

（5）思考如何开头与如何结束。

通过对上述五点进行准备，保险代理人将能做到心中有数，临阵不慌，使拜访成功。

## 三、正确介绍自己

保险代理人在第一次拜访客户时，应该清楚所找的谈话对象是谁，并对所接触的人表示友好，如对门卫微笑示意，对秘书热情有礼，这样才能在一个融洽的环境里开始自己的销售，使气氛有利于开展工作。另外，保险代理人要经常使用名片，名片的外观要精致大方，以引起客户的注意。

## 四、掌握先机

保险代理人在和客户洽谈业务时，应该掌握主动权，抓住时机，不能让客户掌握主动，否则会很被动。

在洽谈一开始，开门见山地讨论客户的问题、需求与愿望，是一种直截了当的销售方法，既节约了时间，又有利于工作的进行。当然，在与一些老客户打交道的时候可以适时适境地进行闲聊，但要注意慢慢使谈话重点向拜访目的倾斜，从而达成自己的目标。

## 五、与决策者打交道

在保险销售过程中，与无权做出购买决定的人进行洽谈只会浪费时间。因此，当保险代理人在销售过程中多次与客户交流，并没有被客户明确拒绝，但受到种种理由阻隔而无法成交时，就说明你拜访的是一个无权进行决策的人，此时应该马上找到有决策权的人进行洽谈以达成目标。

当然，保险代理人在销售过程中一旦遇到此类人物，也不能掉以轻心，更不能因此而轻视对方，因为他可能会对你进行介绍和促成，从而使你的交易进行得更加轻松；反之，一旦他感觉到你的轻视，就很有可能采取手段为你的交易制造障碍。

保险代理人通过以下几种方法，能够鉴别客户是否真的具有购买决策权。

（1）请客户签合同。只有真正的决策者才有权签订合同，如果客户不签，一般会告诉你应该找谁。

（2）询问客户以前如何购买保险，如果他说不清楚，则可能不是决策者。

（3）询问客户或公司购买保险的预算情况，如果对方以商业机密为由推托，则其很有可能不是决策者。

（4）出示保险单，询问客户还有谁应该看到这份保险单，以此了解决策情况。

（5）向这家公司的其他人询问谁是真正的决策者。一般来说，公司秘书是最好的询问对象，他们常常与公司的决策层打交道，知道谁是决策者。

## 实战话术

### 情景一：我太太不同意买保险

**客户：**“我的太太很节俭的，恐怕她不会答应。”

**保险代理人：**“××先生，尊重您的太太是非常必要的，可是这也取决于您对保险的看法如何。如果您认为这是非有不可的东西，当然您会以很郑重的态度给她分析，甚至考虑到她万一需要用到时的处境。如果您现在可以用一点点的代价，为太太买可以保障一辈子的几百万元的生活安定基金，但你和她商量后她不喜欢，难道您就可以不买了吗？”

**客户：**“可是我还是要和她商量一下，尊重她的意见。”

**保险代理人：**“女人有时候比较节俭，对于一个不能马上看到利益的东西，总是比较犹豫，有时甚至认为反正以往没有买保险都过了，现在又何必买，这些钱拿去做别的投资，或许可以享受更大的利益。××先生，当您太太有这种想法时，您又该怎么办呢？”

**客户：**“很多事情当然我也是需要慎重考虑的。”

**保险代理人：**“不如这样吧，等您和您太太研究后发现问题时再找我讨论的话，就太浪费你们的时间了，干脆今天晚上我到府上，我们一起研究，相信嫂夫人也会赞同的。××先生，您看几点比较方便？晚上8：00还是9：00？”

### 情景二：我还完贷款后再说

**客户：**“我现在还有一笔贷款没有还完呢！”

**保险代理人：**“您确信您这笔贷款付完后就不会再有负债吗？”

**客户：**“我反正不想有负债，我会通过努力做到没有的。”

**保险代理人：**“其实以目前的社会形式来看，负债是有良好信用的表现，我们可以以贷款的方式，达成很多人生目标。因此，我们可能一辈子都在重复做偿还贷款这种事情。事实上，只要收入正常、收支平衡，贷款并不可怕，也不用担心。”

**客户：**“但是总觉得欠着钱，心里不舒服。”

**保险代理人：**“确实是有潜在的危机，假如在偿债期间，收入突然中断而又无法填补，就会乱了生活脚步，而且如果是家中主要收入者发生意外，短时间内不能再有收入，我的意思您明白吧？这对家庭的打击会更大。假如贷款的项目是房子，一旦贷款偿还不了，银行会立刻拍卖抵押品，收回贷款剩下的额度。万一碰到经济不景气，房价下跌，搞不好拍卖的钱偿还银行都不够，整个家庭又回到一无所有的地步，这样的生活又有什么意思呢？但若以贷款买了保险，再加上该有的生活费用等，就算最坏的状况发生，也不怕家庭陷入绝境，以往一家人辛苦奋斗创业置产的努力也才有意义，您说对吗？”

**拓展训练**

保险代理人在实际工作中，还可运用哪些沟通技巧来打动客户？

1. ______________________________

2. ______________________________

3. ______________________________

第六章

# 化解拒绝，发掘客户的痛点

## 情景导入

邓老师："上一课我们讲了如何与客户进行沟通，大家要记住，在与客户沟通的时候，不要讲大道理，也不要说那些条条框框，要多讲故事，多举现实案例，以引起顾客的注意跟兴趣，这样才能大大提高成功率。当你学会这些东西后，成功就在眼前。"

"可是，我经常觉得与客户沟通时的感觉挺不错的，但到最后，客户还是会拒绝，这让我很纳闷。"小文说。

邓老师："小文说的这种情况确实很常见。有时候我们代理人说得口干舌燥，客户就是不买账，找各种理由与借口来拒绝。"

小陆说："是的，小文这种情况我也碰到过。而且我还碰到过这种情况：已经和客户做了销售面谈，并且觉得自己表现得很好。从顾客的回应来看，他们确实很喜欢这款产品。但是几天以后，顾客却没有给我任何回复，既不回复邮件，也没有时间接听我的跟进电话。再几天就传来消息，客户已经选择了其他人的产品。"

邓老师说："看来大家还真是没少被拒绝啊！其实，对于很多保险客户来说，拒绝只是一种习惯性的反射动作，除非他听了介绍就买——这样的情况比较少，一般来说，只有遭遇了拒绝才可以了解客户真正的想法，化解客户的拒绝是达成交易的最好时机。

大家要知道，营销是一门与人打交道的学问，在营销过程中，除了从客户签单中赚取佣金，更重要的是学会如何面对各种不同的客户。保险代理人被客户拒绝，说明你的营销方式不能打动他，没有找到客户真正的需求。

这时，就需要我们仔细分析客户拒绝的真正原因，然后采取相应的化解措施来解决客户的顾虑和疑惑，这样才能挖掘客户的需求。”

“今天，我们大家就来讨论一下如何化解客户的拒绝。”邓老师接着说。

# 看透客户的拒绝

**培训师的话**

“我没时间”“我没兴趣”“没听说过你们公司”……各式各样的被拒绝，是保险代理人随时随地都会碰到的窘境。然而，真正的销售成功是从被拒绝开始的。

## 一、客户拒绝的原因

如果你想下一次不再遭到拒绝，那么你必须找到这一次被拒绝的原因，然后排除这些原因。如果我们真正弄清楚了客户拒绝的原因，并且采取实际的措施完全排除了这些原因，则不会再遭到客户的拒绝。

一般来说，常见的拒绝原因如下图所示。

1. 保险代理人说话不恰当，造成客户曲解或者误解
2. 保险代理人说话不清楚，客户没有详细地了解你的产品与服务的优点
3. 保险代理人的举止不合乎礼仪规范，遭到客户的拒绝

4 保险代理人的言行让客户心里不舒服，使得他抛弃利益上的考虑，拒绝你的成交请求

5 保险代理人的穿着造成客户心理上的不良反应，使得他没有兴趣与你洽谈

6 保险代理人拜访或者打电话的时间不对，客户正在谈比较重要的事情等

**客户拒绝的常见原因**

以上都是客户拒绝的常见原因，请你务必仔细分析自己到底哪里犯了错误。实际上，这些错误都是一些很小的错误。若因此妨碍了你的销售业绩，实在是很冤枉的。

许多人以为，这些都是小细节，从来都不需要特别注意，但是，保险代理人之间的竞争，往往就是依靠这些小细节来获得胜利，把你自己的行为修炼到完美无缺，你才能说“谋事在人，成事在天”。

## 二、客户拒绝的类型

一般来说，客户的拒绝可以分为下图所示的两类。

**客户拒绝的类型**

### 1. 拖延式的拒绝

真正的拒绝很少，大多数的拒绝都是拖延式的。客户说：“我拒

绝！”这是他的真实意愿吗？是一个缓兵之计还是一句谎言？

以下是最常用的10句起到拖延作用的话语。

（1）我得考虑一下。

（2）我们的预算已经花光了。

（3）我需要同我的合伙人商量一下。

（4）我以后再考虑。

（5）我必须用一段时间好好想想。

（6）我还没有准备好呢。

（7）两个月后再联系吧，那时我会需要的。

（8）对我来说保险不重要。

（9）现在生意不好。

（10）我不负责这些。

## 2. 真正的拒绝

“我有做保险的朋友”“我需要把你们和另外的两家进行比较”“我们家是我先生说了算”“你们的价格太高了”等都是一些经典的拒绝用语。那么，什么才是真正的拒绝呢？

以下才是真正的拒绝。

（1）没有钱。

（2）有钱，但现在不需要。

（3）自己拿不定主意。

（4）没有支配预算的权力。

（5）在别处可以买到更便宜、更好的。

（6）有更好的选择了。

（7）有熟人从事同类产品的销售。

（8）想看看其他保险公司的产品。

（9）不想做出改变。

（10）不喜欢你，不信你。

## 实战话术

### 情景一：我不需要买保险

**客户：**“我就觉得现在是不需要买保险的。”

**保险代理人：**“是不是真的立刻需要保险我不敢说，但在您的办公室或家中，总有一些东西不常用却不得不准备，如字典里头有数十万个字，您却可能只查过一两次；墙角的灭火器，或许过了使用年限都没派上用场；不一定会停电，但抽屉里总是放着手电筒；小偷不一定上门，您能放心不锁门吗？再仔细想一下，如果有一天有个人出了家门，就再也没有回来，他是否留给家人足够的费用呢？如果没有，家人往后将如何生存？”

### 情景二：我有车险、房屋保险，不用再买别的了

**客户：**“我有车险，房屋保险，应该够了。”

**保险代理人：**“您又有车子又有房子，如此有成就真是令人羡慕，您还很负责任地给您的车子和房子都准备了保险，考虑得真周到。但这就像您有一部印钞机，您是应该照顾机器呢，还是照顾印出来的钞票？”

**客户：**“都要照顾啊！”

**保险代理人：**“当然，两者都重要。但如果只能选择一种，您选哪一种？我想答案一定是印钞机吧。因为钞票没有了可以再印，但机器没有了，就什么都没了。可是很多人却本末倒置，为自己的车子、房子、机器、厂房都买了足够的保险，却吝于对自己进行投资。所以每当发生事故，常常会听到不幸的结局，不是公司结束经营，就是财产处理完了还留下一大笔债务。”

**客户：**“对自己进行投资？”

**保险代理人：**“是的，为了保护家人和一生的心血结晶，在

投保产险时，千万不可忽略人寿保险，甚至要将人寿保险摆在第一位。”

## 情景三：付不起保费

**客户：**“我现在付不起保费。”

**保险代理人：**“买不起保险？或许是吧，但有个状况您必须了解。现在经济状况不稳定，若是您的老板因公司经营不佳，下发了一套解困方案：大家一律减薪20%，不愿意接受的人，可以立刻离职。试想，您是要拿微薄的离职金走人呢，还是接受减薪20%的安排？为了家小，您大概还是得委曲求全。而我现在不要您收入的20%，我只要您拿出10%就可以买到足以维护一家老小的保障，您真的会承担不起吗？”

**客户：**“我想买，但是真的是经济状况不允许。”

**保险代理人：**“您并不一定要一次性拿出三四万元买保险，您可以化整为零，以年缴来分摊。至于您认为保费贵，我却不这么认为，我认为一个人若失去谋生能力，家人的生活费、教育费、医疗费等，才是昂贵的费用。万一发生事故，这些费用要留给家人去承担，甚至转变为债务，谁忍心看到这种状况发生呢？为什么不趁年轻力壮能赚钱的时候，买一份理想的保险呢？”

**客户：**“你可以帮我推荐一份适合我现在情况的保险产品吗？”

**保险代理人：**“您以为保险费用都很高，事实上不是这样的，您想拥有什么样的保险，能负担多少保费，我们会根据您的财力状况提供适当的保额及内容，会让您全家既获得保障，付费时又不觉得太吃力，如此才是一份合理的保险。”

**客户：**“你能为我们考虑，那就麻烦你了。”

**保险代理人：**“哪里，这是我们应该做的，也是我们的荣幸。”

### 情景四：我有朋友在保险公司，我要向他投保

**客户：**“我有朋友也在做保险，我要向他投保。”

**保险代理人：**“您有朋友在保险公司，为什么到今天还没找他买保险呢？是他没有找您，还是您不愿找他呢？或者是他认为您是他的朋友，所以他在等您开口向他买保险，以免欠您一个人情？”

**客户：**“你的假设太多了吧，他现在可能很忙。”

**保险代理人：**“如果是这种情况，那您这位朋友实在太对不起您了，因为他既然在保险公司工作，就应该深知保险的重要性，尤其您是他的好友，他更应该义无反顾地先为您处理保险事宜才对，岂可等到今天还没有动静。老实说，万一您在还没买保险前出了什么状况，这损失必须完全由您本人承担。”

**客户：**“损失当然是由我自己承担了。”

**保险代理人：**“其实，您有朋友在保险公司，可以在投保后请他帮忙分析我提供给您的这类保险的优缺点，他一定乐于提供这样的服务。但我们就事论事，若在投保前您和他讨论保险，可能要把很多真实的财务状况告诉他，您不一定愿意让他知道，因为告诉朋友自己的财务状况而引发日后的困扰是一般人所不愿意见到的，所以大部分人通常选择和独立客观的专业人士探讨他们的财务问题。”

**客户：**“但是，不在朋友那里买，不好吧！”

**保险代理人：**“事实上，我也有很多客户，他们有朋友、家人在保险公司工作，但他们并没有向这些人买保险。其中有的是因为亲友所服务的公司形象不好，有的是因为产品不符合需要，有的是因为不认同亲友个人的做事方法，还有的是因为亲友把保险工作当作过渡时期的踏脚石，这样的做法怎能被接受？”

**客户：**“我相信我朋友不是这样的。”

**保险代理人：**“我也相信您朋友的为人，我在保险公司服务已有一段时间了，我不敢说比别人更行，但起码很多向我买保险

的人都会肯定我，其中还包括很多社会知名人士，因此请您也和他们一样接受我客观的保险建议。”

**客户：**“可以。”

**保险代理人：**“今天我和您见了面之后，您事业上的成功、胜人一筹的人生观实在使我钦佩，我希望您会是我以后的良师益友，但不知道您是否也愿意把我当作您的朋友，如果您能接受我是您的朋友的话，那么在投保之前您大概不会在意认识的先后吧。”

**拓展训练**

具体来说，客户拒绝你的理由五花八门，而保险代理人可以从哪些方面来分析拒绝的真正原因呢？

1. ______________________________

2. ______________________________

3. ______________________________

## 应对客户的拒绝

**培训师的话**

任何推销活动都会遇到客户这样或那样的不同意见，可能是反对意见，甚至是直接拒绝。作为一名优秀的保险代理人，应该积极地去面对，而不是放弃或逃避；应做到善于思考，洞察秋毫，找到真正被拒绝的原因，并主动采取积极的应对策略。

## 一、化解拒绝的步骤

找出真正的拒绝是做好销售的第一步，下图是著名的销售大师杰弗里·吉特默经过多年销售工作总结出的认清拒绝然后化解拒绝的七个步骤。

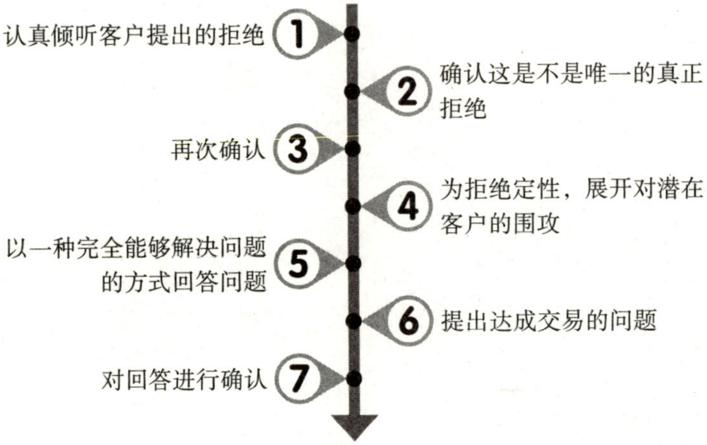


**化解拒绝的步骤**

### 1. 认真倾听客户提出的拒绝

确定这是拒绝还是只是拖延。如果是真的拒绝，潜在客户通常会反复表达自己拒绝的态度，那么，你要让潜在客户把他的这种情绪完整地叙述出来。

无论如何，先对潜在客户的意见表示同意。这样可以使你有策略地反对他们的意见而不会引起争议。

如果你相信客户的拒绝只是一种拖延，那么你必须让他们说出拒绝的真正原因，否则你就无法进行销售。如果你相信这是拖延并且想确认，试一试以下的语句，这些语句能让你更好地看清楚事实。

“您是否真的是指……”

“您告诉我……但我想您可能还有别的意思。”

“我的经验告诉我，客户如果这样说的话，通常意味着他们对价格也不满意。您也是这样吗？”

### 2. 确认这是不是唯一的真正拒绝

就此提问，询问潜在客户这是不是他不向你们公司购买保险的唯一原因，询问除了已经给出的原因以外，还有没有其他原因。

### 3. 再次确认

重新组织你的问题，以不同的方式再一次问出同样的问题：“换句话说，如果不是因为……您就会购买我们的产品了吗？”

### 4. 为拒绝定性，展开对潜在客户的围攻

为拒绝定性，展开对潜在客户的围攻，问出一个包含解决方案的问题。

比如：

“那么，如果我能保证我们的可信性，您是否就考虑我们的产品呢？”

“如果我能满足您的其他条件，您是否就可以做决定了呢？”

### 5. 以一种完全能够解决问题的方式回答问题

可以以一种能引导客户说“是”的方式回答问题。此时要用上你所有的法宝。

（1）如果你有一张王牌，如一封证明信、一个比较图表、一个你当时就可以打电话的客户、一种时间或价格上有特别安排的交易条款，现在就把这张牌打出来。

（2）暂时忘掉价格，展示成本、证明价值、进行对比、证明利益。

在这一个步骤中，你需要全面动用你的知识储备、创造性、销售工具、你的自信、你对产品和公司的信心，你的交流能力……你得把技巧、保证、真诚和雄辩结合起来，才能获得潜在客户的赞同。

七巧板

如果你不能以更好的方式回答潜在客户的问题，就永远没有成交的机会。

## 6. 提出达成交易的问题

（1）以假设的方式和客户交流，所提出的问题应该能使客户在回答中确认成交。

比如：

“如果我能……您会不会……”

“我非常肯定我们可以做到这点。我只要再回办公室最后确认一下就可以了。如果没有问题的话，是不是我们就可以成交了？”

“我可以和所有的决策人再见一面，以确认最后的问题吗？”

（2）讲述一些类似的情况，人们喜欢知道其他人在同样的情况下是怎么做的。

比如：

问对方：“为何这一点对您如此重要？”

然后说：“那如果我们能做到这一点，您是不是就会……”

## 7. 对回答进行确认

提出问题，对回答进行确认，同时对交易进行确认（可能的话最好以书面形式确认），通过这样的问题把潜在客户变成真正的客户。

比如：

“您希望什么时候签单？”

“我们什么时候开始为好？”

“您对签单时间有特别的要求吗？”

“您希望我把保单送到哪里？”

## 二、处理拒绝的原则

反对意见是客户购买保险代理人所销售的保险产品的前兆，处理反对的巧拙会产生天壤之别的结果。对此，保险代理人必须了解处理客户拒绝的五个原则，具体如下图所示。

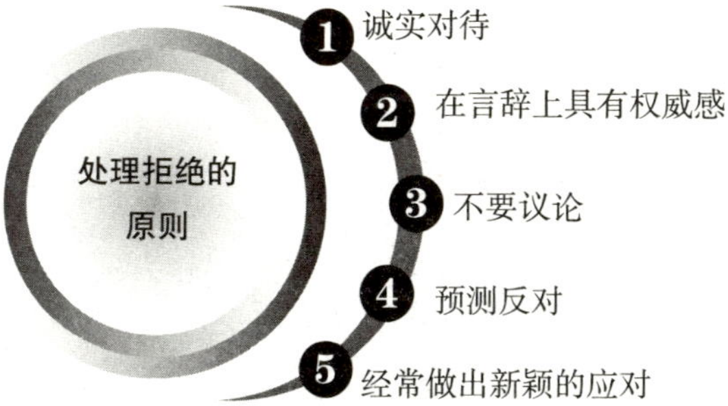


处理拒绝的原则

### 1. 诚实对待

不诚心诚意的话语是没有力量的，是无法说服反对的客户的。对于反对处理而言，诚实乃是最重要的条件。

### 2. 在言辞上具有权威感

对保险产品要有充分的了解，并确信其为优秀产品。因此，保险代理人在言辞上应该自然而又具有权威性，这样才能提高说服力。

### 3. 不要议论

不要对客户的反对意见进行完全否定或议论，不管保险代理人是否在议论中获胜，都会对客户的自尊造成伤害，如此要成功地销售保险便是不可能了。

### 4. 预测反对

在保险销售过程中，保险代理人若是慌张又语无伦次地回答客户的提问，将是一件非常糟糕的事情。因此，保险代理人应在事前做好客户反对的预测，研究处理的方法或应对话术。

### 5. 经常做出新颖的应对

客户之所以反对，一定有其原因，特别是在客户个性化需求多元化的今天，陈旧的说明是无法应对的。保险代理人应适时收集最新的消息或资料，以提供对客户有利的信息。

## 三、处理拒绝的技巧

所谓优秀的保险代理人，就是能得心应手地处理客户拒绝的专家。保险代理人必须了解处理客户拒绝的技巧，具体如下图所示。

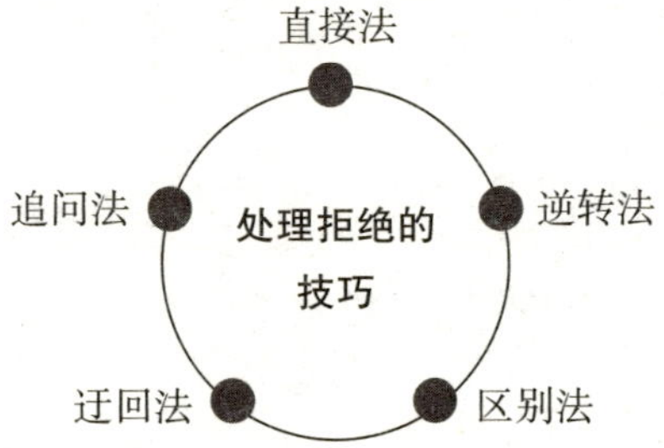


处理拒绝的技巧

### 1. 直接法

直接法是指将计就计地利用拒绝。

比如：

如果客户说：“我不想购买你们的产品！”

那么保险代理人应该说：“我理解。任何人在对产品不是很熟悉的情况下，一般都不会直接购买。不过，我只耽误您3分钟，您就会相信，这是个对您绝对重要的议题……”

此时，若加上其他公司的成功案例将会更有效果。

不要逃避拒绝，销售是从被拒绝开始的。

## 2. 逆转法

比如：

如果客户说："我没兴趣。"

那么保险代理人就应该说："是，我完全理解，对一件谈不上相信或者手上没有什么资料的事情，您当然不可能立刻产生兴趣，有疑虑是十分合理的，让我为您说明一下吧，您看您星期几比较方便呢？"

保险代理人应仔细听客户说明，然后逆转地提出自己的建议。仔细考虑其反对的真实含意，将反对当作质疑，认真应答。

## 3. 区别法

面对客户的拒绝，仔细做说明，令其接受。

比如，对于"因为价格相同"，可说明："我们会尽心尽力做好售后服务的，请放心。"举出其他同行公司所没有的优点，使其接受。

## 4. 迂回法

暂时不管客户的拒绝，先讨论别的话题，抱着热情与自信沉着应对。这就需要保险代理人具备丰富的商品知识，并对商品及自己充满信心。

## 5. 追问法

首先，在客户提出拒绝的时候，保险代理人的第一反应应当是怎样通过提问了解客户拒绝的原因。当然，没有一个客户会告诉你真正的原因是什么，但是，保险代理人可以通过客户回答问题的方式从侧面了解到真正的原因。

比如：

客户："你的这个方案不适合我们公司的情况。"

保险代理人紧接着问："您可以告诉我这个方案的哪些部分不适合你们公司吗？"

保险代理人提出的问题越多，客户回答的内容就会越多。许多时候，在不知不觉中，你就已经化解了客户的拒绝。当然，还是要把握当时的情况，如果不停地提出问题，反而会激怒客户。

## 四、寻找拒绝的突破口

了解了客户拒绝的真相之后，事情就好办多了，这个时候，我们可以把客户的拒绝分为下图所示的两大类。

客户拒绝的分类

### 1. 客户对所提供的产品或者服务了解较少而产生的拒绝

由于客户对所提供的产品或者服务了解较少而产生的拒绝，这一类情况比较好解决，但是有一个原则性的技巧，那就是不要告诉客户他的理解不对，这会使客户感到不满。因为没有人喜欢别人说自己错了，即使他真的错了。

因此，在使用顾问式的销售方法化解这一类情况的时候，首先要抚慰客户，采用群体认同的方式，告诉客户大多数人的看法和他相同，然后表示自己的看法也是这样，但真正的情况不是这样的。这种方法能够很大程度地降低客户的抵触情绪，从而使其逐渐接受你的观念和解释。

### 2. 所提供的产品或服务不能满足客户需求而产生的拒绝

客户要求的服务你无法提供，这类问题一般较难化解。但是，作为保险代理人，即使在这样的情况下，也需要做一些尝试，因为这是你的工作要求。在大多数情况下，客户的需要可以分为多个层次和方面，在了解了客户的需求之后，应分析客户需求的哪一方面是重点，哪一方面相对次要。在此基础上，考察自己公司的产品和服务能否满足客户主要的需求，如果可以，就想方设法说服客户逐本弃末；如果恰好相反，就要诚实地告诉客户，我们能够提供怎样的产品和方案，我们不能满足客户的哪种需求，从而给客户留下诚信的印象。

#### 实战话术

**情景一：保险好是好，就是太贵了**

**保险代理人：**“李先生，您家里的花草被您侍弄得真好，这么好看的花一定很贵吧？”

**客户李先生：**“有的贵，有的便宜，这种兰花是稀有品种，要上千元，而这种是一般品种，几十元就可以买到。”

**保险代理人：**“一看就知道，您是一位既热爱生活又有生活情趣的人，是否考虑过买点保险来为自己和家人遮挡生活中的风雨呢？”

**客户李先生：**“保险啊？好是好，就是太贵了。”

**保险代理人：**哦，您认为保险好在哪里？又贵在哪里呢？”

**客户李先生：**“保险不就是管着意外呀什么的。其实，我也说不太明白，反正是有好处吧。说保险贵，是因为一份保险几百上千元，买了摆在那里平时又用不上，那不就显得贵了吗？”

**保险代理人：**“其实，任何东西的贵与不贵都是相对而言的。当您认为自己很需要它时，就不会嫌贵；而当您认为自己不需要它时，再便宜也嫌贵，您说是不是？”

**客户李先生：**“你说的好像挺在理儿。不过，我想知道为什么会有这样的区别呢？”

**保险代理人：**“就拿您养花这件事情来说吧，您喜欢养花，平时不但要拿出时间和精力，还要付出一定的金钱。您之所以如此做，原因就在于您有养花这方面的精神需求，您认为有必要满足自己的这种精神需求。在这种情况下，即使那花真的很贵，比如这盆名贵的兰花，即便1000多元，您也可能不觉得贵，您只会觉得很值。而对于不喜欢养花的人来说，他没有这种精神上的需求，认为没这个必要，所以，也就不愿意对此付出什么，即使是10元一盆，他也会觉得贵，区别就在这里呀。”

**客户李先生：**“哦，可是我还是觉得保险太贵。花能看，放在室内可以让人赏心悦目，保险买了既不能看，一时也用不上，如此一来，再便宜不也是贵吗？”

**保险代理人：**“呵呵，您真是一个很现实的人。其实，保险分好多种，有几十上百元一份的单纯保意外的短期意外伤害保险，也有1000多元一份的长期寿险，您既可以多买也可以少买。另外，保险的功能是为人们提供保障，使人们在未来的某个时候、某种情况下得到一定的经济补偿；而花草的功能是给人们提供精神上的满足，使人赏心悦目、心情舒畅，两者是有本质区别的，不存在可比性。”

**客户李先生：**“哦，原来是这样，我有点明白了。”

**保险代理人：**“从某种角度讲，保险也是一种储蓄，储蓄的是人的未来，是自己为自己做出的一种理性的财务安排，是对自己的未来负责。”

**客户李先生：**“哦，听起来还挺有意义的。”

**保险代理人：**“那当然，其实，保险的最大意义就在于，购买保险是一种大爱，是对自己家人深沉的爱和高度责任心的体现，一个缺乏爱心和责任心的人是不会考虑买保险的。

**客户李先生：**“哦，有你说的这么严重吗？”

**保险代理人：**“是啊，您看，一份长期寿险既具有生存给付功能，又具有身故保险金给付功能，那身故保险金给付的是谁？不就是留给自己挚爱的家人吗？这是身故的人对自己家人经济支付能力的延续，是他生前做出的一种安排。您想想看，一个对家人缺乏足够爱心和责任心的人会这样做吗？他会做出这样的安排吗？”

**客户李先生：**“如此看来，保险应该买，保险不贵。”

### 情景二：我宁可把钱存银行也不买保险

**客户：**“我更愿意把钱存银行。”

**保险代理人：**“请问您为什么更愿意选择银行呢？”

**客户：**“没有原因，纯粹是个人喜好问题。”

**保险代理人：**“个人喜好，是的，很多人都宁可把钱存银行而不肯买保险，因为放在银行的钱随时可以用，自己能掌握，而保险就无法任意取用了。”

**客户：**“就是，我觉得存银行更方便。”

**保险代理人：**“但若想利用银行的定期存款，达到退休后养老的目的，会有两种不同的后果。

一种是呈阶梯状，每年固定增长，这种人较有恒心，如果不半途而废的话，日子久了总能达到目标。另一种是呈锯齿状，当到达某一阶段后，往往克制不了，不是把存款拿出来用于旅行、置产、购物或投资，就是应对突发事件，所以永远达不到目标。”

**客户：**“我相信我可以达到自己的目标。”

**保险代理人：**“那我真的很佩服您的毅力，只是存在银行只能当作储蓄收取很少的利息，同样的钱放在保险公司，除了具有储蓄功能外，还有生命保障、不能工作时的年金给付、医疗支付及疾病支付等功能。

我们可以这么说：如果银行除了储蓄的功能外，也具备了保险的功能，那么所有的人一定都会把钱放在银行，但事实上银行做不到这一点。那保险公司为何做得到？因为在您第一次缴款的时候，它要求您做长期规划，持之以恒地续缴，所以它能以时间换取空间，给予存款人最大的利益和帮助。”

**准客户**：“保险与银行还有什么差别呢？”

**保险代理人**：“还有一个差别，银行是您设定一个目标数字，天天望着它，慢慢地储蓄，这是先付费后享受；保险是第一次费用缴了以后，您就拥有一个目标数字，然后才慢慢地付费，这是先享受后付费。

银行是在晴天时借您雨伞，下雨天时收回；而保险是晴天不借伞，下雨天有伞拿。这两者哪个对我们比较有利呢？”

### 情景三：我自己投保就可以了，太太就不用再买了

**客户**：“我已经买了保险，我太太就不需要了。”

**保险代理人**：“是吗？太太假如有收入的话，对家庭的贡献就不仅是心力而已。在目前这个物价高涨的时代，她对维持家庭的稳定性有着举足轻重的作用。您想想看，假如太太不辞而别，先生除了少了一位有收入的伙伴外，还要增加原本太太为家庭支出所耗心力应折算的费用。”

**客户**：“我太太现在没有上班，在家里掌管后勤呢。”

**保险代理人**：“如果太太没有工作收入，那么她在家里相夫教子，为家里节省下来的管理费用、子女教育费用、烹饪费用，也是一笔难以估计的数字。先生总不能不设法防范这个损失吧！而万一发生这种损失时，为了正常的家庭运作，也要找一位管家来照顾家庭，而且要更加小心地照顾自己，包括增加自己的保险费，以防止自己再遭遇不幸，这些额外的费用将使收入去掉一大半。”

**客户：**“我还没想过这个问题呢。”

**保险代理人：**“我们再来看看，同样的道理，如果只有先生买保险而太太没买，要是先生先走一步，留下太太独撑大局，虽有先生的保险作为家庭助力，但面对漫无边际的未来，子女若未成年独立，太太除了要肩负家庭所有责任外，还要严加注意自身安危，免得使家庭再受冲击。到时候她可能也会想到要买保险，但因年龄关系，保费可能比年轻时投保贵很多，她不免会懊悔这不必要的支出及不必要的时间浪费。”

## 情景四：现在没空，改天再谈

**客户：**“我现在很忙，改天再说吧！”

**保险代理人：**“我知道您很忙，就是因为您这么忙，您的公司和成就才这么大，我只要您抽出几分钟，让我为您提供一项确保经营成果的方法，如果这个方法您觉得满意，我们再继续谈下去，否则我就告辞，好吗？”

**客户：**“但是我现在真的没有时间，改天我们再慢慢谈谈。”

**保险代理人：**“您要我改天再来，当然可以，但是我没有把握下次能不能来。有一句话您一定听过，‘孔夫子不敢收隔夜帖’，就是说连孔夫子也不敢为隔天的事情做承诺。”

**客户：**“你很忙没有时间来就算了。”

**保险代理人：**“我自己也有可能会发生事故，这种概率是公平的，所以对于会不会再一次登门拜访，我并无把握，同样，我也希望您能了解这点，未来是个未知数，谁也无法准确地预测，我们唯一能做的只是把握现在。我今天所要提供给您的资料，对您和您的家人、企业都有绝对的好处，您拥有了它之后，可以全心冲刺，完全没有后顾之忧地享受成功的果实。”

**客户：**“不要说这种不吉利的话。”

**保险代理人：**“这是事实，说不说都一样的。现在就请您用几分钟时间看看，是不是真的对您有用，相信凭您锐利的眼光一看便见分晓，这份建议书完全是依照您的身份、地位所拟订的，您看看是不是合适？”

### 情景五：我再考虑考虑

**客户：**“我想好好考虑几天。”

**保险代理人：**“是的，您在付保险费之前，是应该多加考虑，但我想您可以先把申请工作做好，节省一些不必要的时间，因为这样一份高保额保险，公司也需要时间去评估是否接受，所以我建议您先填申请书，填好后我们再来研究您需要考虑的问题。”

**客户：**“但是不考虑好我心里没底。”

**保险代理人：**“您一定在想，参加这样一份保险，到底是对还是不对？其实这是不必担心的，很多和您一样成功的企业家，他们也都买了这样的保险，而且在投保前也是慎重地加以研究和分析，最后放心地委托我们办理。他们所担心和考虑的事，一定和您大同小异，他们能接受这份保险，已足以构成一个购买的有力的理由。”

**客户：**“很多企业家都买了这份保险？”

**保险代理人：**“是的，如果您认同的话，我建议您马上研究，因为假如您没有立刻处理，等我回去后，您才觉得有些细节必须由我来解释和说明，这么一来，岂不是更浪费您宝贵的时间？”

**客户：**“可是我对这份保险不是很了解。”

**保险代理人：**“我想您基本上已经认同这份保险了，也大致了解其中的细节，所以不要耽误这几天的时间，时间对您这样成功的企业家而言，永远是不够用的，所以您应该把宝贵的时间用在企业经营和发展的运作上，而把不是您的专业的保险问题留给我处理。××先生，我相信我可以成为您最适合的保险代理人，您愿意给您和我这样的机会吗？”

**情景六：计划书留下，我看看再说吧**

**客户：**“你把计划书留下，我仔细看看再说吧。”

**保险代理人：**“您先看看计划书，我可以等您看完，要研究什么问题，我们一起讨论。”

**客户：**“那多浪费你的时间，我有空看看就可以了。”

**保险代理人：**“坦白说，一般人把计划书留下来之后，大概再也不会去研究它了，因为现代人都很忙碌，可能一忙，就把这事给耽搁下来了。然后有一天在收拾抽屉时，才会发现有这么一份计划书，而且还没有看过呢。您可能因此错过许多可以保障自己权益的机会。”

**客户：**“不会的，我肯定会记住的。”

**保险代理人：**“假如一个人有心要买保险，可是还要再三考虑，甚至比较再比较，如此一来，万一他在研究期间发生事故，可真是后悔莫及。契约是死的，无法对任何人特别有利，但我却是活的，可凭着经验为您做最好的组合，并且在和您当面详谈后，根据您个人的状况提供最理想的保障。”

**客户：**“有些机会错过了确实是不会再来的了。”

**保险代理人：**“所以您只要抽出一点时间来研读这份计划书，就会发现，这份计划书代表的是美好的未来，足以保障您和家人的生活。所以请不要轻易拒绝，如果您有心了解，请马上处理。”

**拓展训练**

在与客户沟通的过程中，还有哪些方法和技巧可以帮助你化解客户的拒绝？

1. ________________

2. ________________

3. ________________

第七章

# 处理异议，打消客户的疑虑

## 情景导入

邓老师：“上一课我们讲了如何化解客户的拒绝。有些时候，虽然你已经做到了尽善尽美，但还是难免遭到客户的拒绝。这时你不能逃避，应该积极地解决问题，处理好拒绝，并针对不同的拒绝采取不同的处理方法，只有这样，你才算对客户的拒绝做到完美应对。”

小文说：“嗯，听了您的讲解，我学到了不少技巧，也增强了信心，以后面对客户的拒绝，我就不会那么害怕了。”

邓老师说：“对，与客户打交道，就是要有信心，要相信自己的能力，更要相信自己的公司。客户拒绝也好，有异议也罢，都要求我们代理人用心去做。做任何事情，用心做和不用心做是不一样的，如果你善于用心去做，会觉得很轻松。”

小马说：“工作了这么多年，确实遇到过各种各样的拒绝，碰到过来自各方面的异议，有时候让我觉得都快应付不下去了。”

小王说：“是的，客户提出的异议可以说是五花八门，什么方面的都有，如果不掌握一定的技巧，是很难应对的。”

邓老师说：“无论何种销售活动，通常都会碰到异议、拒绝等阻力，人寿保险的推销尤其如此。由于它是一种无形商品，因此市民对保险认识不多，对寿险了解不够，风险管理意识不强，存在各种偏见，这都是可以理解的。在我们推销的过程中，若客户产生诸如“保险不如储蓄”等异议，甚至把寿险代理人从家里赶出来，做出嘲笑、讽刺等不礼貌行为，都是很正常的现象，我们自己应该保持一种平常的心态对待这些事情。

心理学家告诉我们：大多数人在接触新鲜事物时，总是抱着排斥的心理。人人都害怕买错东西，但又必须购买所需的东西，所以在下决心之前会存在各种疑虑。因此，我们保险代理人就要鼓励客户提出他们的问题，了解他们的真实想法，帮助他们解决心里的疑虑，纠正他们的偏见，给他们更多的认识，使他们做出正确的判断。”

“好，接下来，我们就来讨论讨论如何处理客户的异议。”邓老师接着说。

# 正确认识客户异议

培训师的话

客户异议是指保险代理人在销售过程中遇到的客户不赞同、质疑或拒绝的言行。例如，保险代理人要去拜访客户，客户却说没时间；保险代理人努力询问客户真实的需求，客户却不肯说出来；保险代理人向客户解说产品，客户却带着不以为然的表情……这些都属于异议的范畴。

## 一、辨别异议的真假

保险代理人应认真辨别客户经常提出的异议，对这些异议采取有针对性的行动。

### 1. 真异议

客户认为目前没有需要，或对保险代理人销售的保险产品不满意。

比如，客户从熟人那里听说保险代理人所在公司的保险产品不可靠。

对于此类真异议，保险代理人必须视情形考虑是立刻处理还是延后处理，具体如下图所示。

**立刻处理**

（1）当客户提出的异议是他关心的重要事项时

（2）必须处理后才能继续进行销售的说明时

**延后处理**

（1）对权限外或确实不确定的事情，要承认无法立刻回答，但保证会迅速找到答案并告诉客户

（2）当客户在还没有完全了解产品的特性及利益前提出关于价格的问题时

（3）当后续销售环节能够更清楚地解释客户提出的问题时

**真异议处理要求**

### 2. 假异议

假异议通常可以分为两种：一种是指客户找借口，或用敷衍的方式应付保险代理人，目的是不把自己的需求告诉保险代理人，或不想真心介入保险销售活动中；另外一种是客户提出许多异议，但这些异议并不是他们真正在意的问题。

### 3. 隐藏的异议

隐藏的异议是指客户不把其真实异议说出来，目的是借此形成异议已解决的假象。

## 二、了解异议的类型

保险客户提出异议的方式与异议的类型多种多样，作为保险代理人，必须熟悉客户异议有哪些类型，如此才能更好地解决。一般来说，客户异议有下页图所示的几种类型。

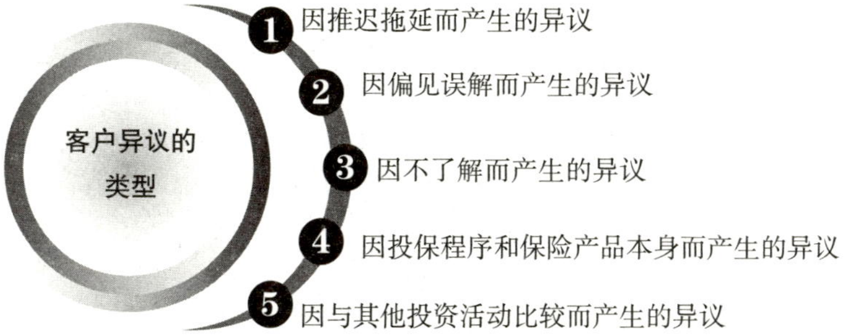


**客户异议的类型**

## 1. 因推迟拖延而产生的异议

这一类异议在保险销售中出现很多，如想再等一等，再看一看，再比较一下。这是因为，保险产品的特征及特性与其他商品有很大区别，其效益很难直观地显现出来，保险代理人无法给予客户直观的形象或明确的概念，从而使客户产生疑虑。因此，客户希望看看身边是否有购买者或了解购买后的效果再做决定。

常见的借口有：我还要考虑考虑，我还要和家人商量后再决定，过几天我会给你打电话的，等××买了以后我再买，等过几年保费降低后再买，我还年轻不急着买保险，等等。

## 2. 因偏见误解而产生的异议

这一类问题往往包含双重的含义：第一，出于对保险销售方式的否定态度；第二，出于对陌生事物的疑虑。

我国实行直销式保险销售，大众要接受需要一个过程。如果不断地受到保险代理人的推销，为了摆脱这种局面，大众就会用一些偏激的反对问题作为拒绝销售的理由。这类问题大多不具有真实性，它们只是大众面对销售的自然反应，只是大众对陌生事物或反感事物心存疑虑的一种表达方式。

常见的借口有：保险是骗人的；物价上涨，钱会贬值，不要买保险；保险公司倒闭了怎么办；我不相信保险代理人；保险缴费容易理赔难；买保险的钱都给保险公司赚去了；等等。

### 3. 因不了解而产生的异议

因为不了解而产生的异议，如我有社会保险，不必再买了；我身体挺好，没必要买保险；光棍一个，保什么险；等等。这些问题所传达的，常常是对保险没有兴趣或对销售委婉拒绝。其实，许多人对保险都抱有这种态度，大多是因为对保险不了解。

常见的借口有：我身体健康，不必买保险；老来靠子女，不需要保险；我已有了社保；我有足够的钱，无须再买保险；给孩子买保险，大人就算了；等等。

### 4. 因投保程序和保险产品本身而产生的异议

这类问题主要是一些实际操作中的技术问题，需要保险代理人依照规定灵活处理，如体检、理赔等事项的操作。关于产品，单一产品的保险范围是有限的，需要保险代理人针对客户的具体情况制订保险计划，使保险计划对客户的效用达到最大化。细致周密的计划、站在客户的立场看问题，可以减少客户的顾虑，或使他们的问题在提出后得到很好的解决。

常见的借口有：买保险要体检太麻烦；缴费期太长；据说理赔太麻烦；别家公司的产品比你们好；我要移民，买了保险没有用；每年都要缴费太麻烦；等等。

### 5. 因与其他投资活动比较而产生的异议

这类异议常常出现在一些投资型保险的销售过程中，提出异议的客户也多半是有投资经验的人。要处理好这些问题，就要求保险代理人掌握金融、投资、法律、税制等方面的知识，使自己真正成为客户的金融保险顾问。

常见的借口有：我宁可把钱存在银行；我要去炒股，赚得更多；买国债是不错的投资，比保险好；通货膨胀太厉害，不划算；我可以存钱养老；房地产是最稳当的投资；等等。

## 实战话术

### 情景一：等老李买了我再买

**客户：**“等老李买了我再买。”

**保险代理人：**“难道您的决定会比他差吗？还是您做的事业比他小？为什么您不引导他，而让他引导您呢？

如果他不买，您也不买的话，万一您发生重大意外，我指的是万一，他能帮您脱离困境吗？

您一定是在想，要买大家一起买，买对了对大家都有好处，买错了也不会被笑对不对？”

**客户：**“问题倒不是这个。”

**保险代理人：**“有很多东西可以看别人买，自己再跟进，像汽车、房子、电器用品等，唯独保险不可以人云亦云，因为每个人都有不同的家庭背景、经济因素、健康状况等，绝对不能让所有人采用同一种模式。

其实，每个人都需要保险，富有的人可以借保险保护他的财产，小康的人可以借保险保护他的家人，收入较低的人可以借保险避免陷入衣食缺乏的境地。”

**客户：**“那我比较适合哪一种呢？”

**保险代理人：**“有人说过，保险是为了明天，为了老年，为了家人，绝对不是为了别人才投保。所以我今天特地针对您的状况，提供一份适合您的保险计划，希望您客观地了解和投保。”

**客户：**“我看一下你的保险计划吧。”

**保险代理人：**“至于您的结拜兄弟老李，只要您把手续办好，我会很诚挚地给他建议，并且依他的状况给他制订适当的计划。相信受您明智选择的影响，他会受益匪浅。我也希望除了您和老李投保外，您可以介绍更多的朋友来参保。您一定不会放弃这个机会吧？”

### 情景二：保险是骗人的

**客户**：“保险是骗人的。”

**保险代理人**：“请问您是不是被骗过，怎么会这样讲呢？”

**客户**：“是啊，我表姐上次买了一份意外保险，钱交了，可是她生病住院后，你们保险公司就说这不能赔，因为不属于赔偿范围。反正，我算是看透保险了。”

**保险代理人**：“我肯定地告诉您，保险绝对不是骗人的，因为骗人的东西是不会受到法律保护的。您表姐买的保险可能没有附加医疗险，才得不到理赔。”

**客户**：“是吗？那你是说我们自己没有看清楚，是我们的错？”

**保险代理人**：“不是的，是我们保险代理人的失误，没有解释清楚。所以您可以详细地看看我给您的条款。”

### 情景三：我已经有社保了，不需要再买保险

**客户**：“我已经有社保了，不需要再买保险。”

**保险代理人**：“首先，我们需要对社保和保险区别认识，社保是国家强制保险，具有广覆盖、低保障的特点。它的优点在于被保人不用为昂贵的医疗费用担心，但它的缺点在于保障不足以及退休金额不足等。”

**客户**：“我觉得基本保障就可以了。”

**保险代理人**：“我想请问您，平日努力工作赚钱的目的是什么？是不是为了提升自己和家人的生活品质？但是您现在只有社保，社保的保障标准是大众化的，对于像您这样身份地位的人来说，又怎么能满足您未来的生活需求呢？

所以有社保后，再参加保险最为合适。只有人寿保险，没有社保，您的保障也不完整。”

## 情景四：买保险还要体检，太麻烦了

**客户：**“买保险还要体检，太麻烦了。”

**保险代理人：**“体检怎么会麻烦呢？健康的身体是赚钱的基本条件，我们都不希望身体有不良情况发生，但有时候很多潜伏的毛病会因疏忽而显现，等到严重时，要花费很多精力、财力及时间去治疗，那才是真正的麻烦。”

**客户：**“但是我没有时间去体检。”

**保险代理人：**“为了您自己的身体，时间是可以挤出来的。人有旦夕祸福，很多情况是我们无法控制及掌握的。就像一部机器用了三四十年，即使不报废，也是毛病多多；一部汽车不细心维护，很快就会出故障。人的生命力较强，天天在动，所以毛病不会很多，但是要常常保养及维护，定期检查，及早把对人体不利的因素找出来。所以不单是这次体检而已，您应该每半年，最迟一年做一次全身健康检查才对。况且我们提供给您的体检是不需要花钱的，您只要挪出一点时间就可以了，何乐而不为呢？”

**客户：**“可以，我看看。”

**保险代理人：**“这也是对自己身体负责的一个机会。而且做了体检之后才买保险，对您更有利，因为最起码您是在身体状况经过保险公司核准后才投保的，所以日后如果发生事故，必须由您负担的责任又可减少不少。”

**客户：**“就是，我肯定要对自己的身体负责。”

**保险代理人：**“我们中国人很少有体检的习惯，连生个病都只是吃吃药而已，所以往往吃了大亏才后悔不已，如果可以补救的话也就罢了，否则只能空留遗憾了。我建议您，除了这次体检一定要做之外，以后更要养成定期体检的习惯，如此才能防患于未然。”

**情景五：钱会贬值，买保险不划算**

**客户：**“物价上涨，钱会贬值，买保险不划算。”

**保险代理人：**“没错，钱可能会贬值，投保时预计未来可领回的钱在这种情况下会比较没价值，但您不要忘记您所缴的钱会跟着贬值，保险公司不会因为通货膨胀而调高您的保费，所以比较之下您不会吃亏，而且还可能有好处。”

**客户：**“不是吃亏与赚钱的关系了。”

**保险代理人：**“保险反映了一个人的价值和身份，所以当您的保额因通货膨胀等缘故，价值跟不上身价时，您应该自己再加保，以满足需要。所以，不要认为买了一张保单就可以使用一辈子，这是很危险和不切实际的。”

**客户：**“我听说保险有储蓄的功能。”

**保险代理人：**“您对保险还是有一定了解的，当然，保险的功能也不只是储蓄而已。试想在一家之主突然撒手人寰、没有留下足够的生活费用时，他的家人一定很渴望有一笔钱去应付日常的开销，而此时，不管是多是少最重要的是能见到钱。”

**客户：**“那是，我不希望有那样的事情发生。”

**保险代理人：**“当然，我们都不愿意看到，但是，我们可以做好应对一切的准备。保险理赔金就是一笔可以得到保证的赔款，假如没有特殊的状况，通常这笔预定金额可以在被保险人出事后很快送到受益人手中。”

**客户：**“是吗？”

**保险代理人：**“这和其他财产不同，其他财产的价值往往不易掌握，而且除了保险金外，财产都要接受课税。因此，拥有一份和财产相匹配的保险，才能使财产不至于因外在因素而贬值。

事实上，最怕贬值的东西不是保险或其他财产，而是一个人的能力。当能力受损的时候，才是他生存受到威胁的时候。保险的助力，或许就是他再次振作的最好资本！”

**拓展训练**

保险代理人应从哪些方面来分析并判断客户所提出的异议是真异议还是假异议？

1. ______________________________
2. ______________________________
3. ______________________________

# 理性分析客户异议

**培训师的话**

保险代理人在与客户进行沟通时，需要了解客户产生异议的主要原因是什么，才能针对问题找出解决的方法。

## 一、客户自身的原因

由于客户自身的原因而产生异议主要有下页图所示的几种情况。

**由于客户自身的原因产生的异议**

### 1. 受传统观念影响

（1）“老了自有儿女养”，这种观念使得很多人认为买保险是浪费钱。

（2）“生死由命，富贵在天”“是福不是祸，是祸躲不过”等陈旧思想使得很多人相信命运是上天的安排。

（3）不少人依然存在着严重的依赖意识。

（4）人们长期以来习惯把手中的闲钱存进银行。

（5）有的人自认为比较富有，觉得不需要参加保险也能确保自己和全家的生活过得无忧无虑，美满幸福。

### 2. 对保险代理人存在偏见

由于保险业在我国起步较晚，经营机制、管理水平、服务能力等相对较低，从业人员的专业素质、理论水平和服务意识普遍不高，使人们对保险业存在许多误解。不少人认为，主动前来介绍和提供服务的保险代理人，目的都是为了赚客户的钱。

### 3. 自我保护意识

保险推销是以保险代理人主动上门推销为主，这样的行为不太符合人们的消费习惯。很多人在面对保险代理人时，都会存在抗拒心理，从而形成一种自我保护的习惯。所以，每当有保险代理人出现时，客户便习惯性地把自己封闭起来，并且很快提出异议。

### 4. 不知道自己需要保险

许多客户拒绝购买保险产品，是因为他没察觉到自己的问题，没有意识到自己对保险的需求，所以缺乏对保险产品和服务的认识。

### 5. 缺乏支付能力

许多人都不愿承认自己缺乏支付能力，而以其他种种理由拒绝购买，从而影响保险代理人的判断。

### 6. 不了解产品特性及利益

当客户对保险产品不认同或保险产品不能满足他的需求时，就会产生异议。

## 二、保险产品方面的原因

保险产品是一个综合的概念，涉及产品功能、质量、品牌、类型、费率和服务等内容。因此，客户对保险产品提出异议也极有可能源于保险产品本身的问题。

### 1. 保险产品的质量

保险产品的质量是指保险产品满足人们需要的效用程度，即保险产品本身的耐用性。保险产品的质量包括保险产品本身的内在质量特征，如保险产品的结构、性能、条款、费率等，也包括外部质量特征，如保险产品的保单式样、颜色、组成等。如果客户认为保险产品的质量存在问题就会提出异议，这些异议包括以下几种。

（1）保险产品在质量方面确实存在着缺陷，难以满足保险客户的需求。

（2）客户缺乏经验或做主观判断，以产品质量不佳为由拒绝保险代理人的购买建议。

（3）客户担心购买不当，以产品质量不佳为借口拒绝购买。

（4）客户没有购买决策权，以产品质量不佳为由拒绝购买。

（5）保险代理人的语言或行为不当，使客户对产品质量产生怀疑。

（6）客户为了降低费率，以产品质量不佳为借口。

### 2. 保险产品的价格

一般来说，保险产品的价格是针对保险单内容和条款而定的投保费率。当客户认为保险产品价格太高时，就会与保险代理人讨价还价，期望得到一定幅度的让价。

影响客户判断保险代理人所销售的产品费率高低的因素是多方面的，具体如下。

（1）客户对同类保险产品或替代商品的费率进行比较。

（2）客户的经济状况、支付能力。

（3）客户对该保险产品费率的心理预期等。

因此，保险代理人要认真研究和掌握保险客户的价格心理，以便采取相应的销售策略，消除客户的价格异议。

### 3. 保险产品的服务

服务是保险产品的重要外延部分，保险销售服务有着丰富的内容，既有业务技术方面的服务，也有满足客户心理需要方面的服务。

客户对保险销售服务提出异议，是因为对保险服务有更高的要求。

## 三、保险代理人方面的原因

客户对保险产生异议，还有可能是因为保险代理人的举止态度让客户产生反感，或保险代理人专业知识不足让客户无法信任。

### 1. 保险代理人的举止态度让客户产生反感

保险代理人的举止态度不端正，或者是言辞过分夸张，销售技巧不成熟等，都会使客户对保险代理人产生不好的印象。

比如，做了夸大不实的陈述；使用了过多的专业术语；事实调查不清楚，引用了不正确的调查资料；说得太多或听得太少而无法把握客户的问题点；处处说赢客户，让客户感觉不愉快。

### 2. 保险代理人专业知识不足让客户无法信任

保险代理人如果在保险理论、保险产品方面的专业知识不足，无法给客户满意的回答，对客户的问题和疑虑又不能正确地解决，就会导致客户不信任保险代理人，使客户产生异议。

## 实战话术

**情景一：保险不吉利，不买还好，一买就出事**

**客户：**“我可不想买保险，保险不吉利，不买没事，一买就出事。”

**保险代理人：**“您怎么会有这样的想法呢？”

**客户：**“我不买平平安安的，买了不就说明我有潜在危险了吗？”

**保险代理人：**“如果买保险会出事，保险公司岂不是亏损累累，早就关门大吉了吗？事实上，买了保险之后才不容易出事，这里有数字为证：我们曾在医院里做过统计，100个因受伤或疾病住院的人当中，只有14个人买了保险，而现在的投保率是100个人当中有将近30个人买保险。”

**客户：**“为什么买了保险的人出事率会较低呢？”

**保险代理人：**“我认为有几种原因。

第一个原因是买保险的人较有责任感。他既然能为未来可能发生的灾害做准备，又能为家人的幸福着想，当然对本身的安全较为注意，甚至会趋吉避凶，不做无谓的冒险。

第二个原因是保险公司为了保护所有被保人的权益，必须谨慎审核每个申请的案件，凡道德品质不佳、身体机能不好、财务状况不良者，必先予以过滤，因此一个能被保险公司接受的人，必然会珍惜自己的安危。

第三个原因是因为买保险是善举，其出发点是让家人受益，即是善，善良的人会被上天眷顾。”

**客户：**“是吗，听你这样说买保险还是很好的。”

**保险代理人：**“我有几位企业客户在为员工买了保险后，对保险公司感激不已，因为以往经常发生事故的员工在买了保险后，出事率骤然下降。本来客户还不知其所以然，经我分析后才恍然大悟。所以买保险非但不是不吉利之事还是上上之策呢！”

### 情景二：养儿育女就是保障，还买什么保险

**客户：**“我有孩子，以后老了有他们照顾，没必要买保险。”

**保险代理人：**“是吗？养儿防老确实是老有所依的办法，但您是否也该跟随时代的变化考虑增加新的预防措施呢？”

**客户：**“新的预防措施？”

**保险代理人：**“是的，我们先来看看几个事实，再决定是否有此必要。

第一，子女长大后，当然大都会克尽孝道，以奉养双亲为己任，但现代社会竞争激烈，社会经济不太稳定，下一代的经济承受力究竟如何实在是未知数，我们应该替他们考虑一下。

第二，在中国人的观念里，有土才有根，再怎么样也要买房，但现在的房价高昂，往往都是凭借着大额的贷款买下来的。为了偿还贷款和留出生活费，已经焦头烂额，何苦再增加下一代的负担。

第三，人伦观念的淡薄已是不争的事实，而且现代盛行小家庭，当三代共处于不是很大的房子里时，日子久了恐怕会引起摩擦，存在代沟问题并非我们所愿，但却是难以避免的事实。

第四，有人说人老要活得有尊严，尊严是由‘老友、老伴、老身、老信、老本’建立起来的。没有老年的朋友和老伴，又没有良好的身体和自信心，再加上没有一些属于自己的财富在身边，岂能活得安稳？”

**客户：**“听你这么说，我们确实需要买保险。”

**保险代理人：**“保险当然不见得能保证让我们拥有这一切，但最起码能保证我们拥有一笔钱，让我们在老年时可以自己支配这笔钱，万一自己用不到，也可以留给家人，让自己的基本生活和尊严得以维持。”

**客户：**“这样看来，买保险也是一种投资。”

**保险代理人：**“甚至可以这么说，付保险费就像付小孩的生活费及杂费，小孩长大后不一定保证回馈，可是保险费付到一定期限后，却是铁定能收回的。这样的投资难道不值得吗？”

## 情景三：保险周期太长了

**客户：**“保险周期太长了。”

**保险代理人：**“保险周期本来就是越长越好，时间短，买保险的人怎么能得到好处呢？”

**客户：**“保险周期越长越好吗？”

**保险代理人：**“您投保的时间越长，能享受的利益越多。您在年轻时买保险，不但保费缴得少，而且保险期间长，可将保费分摊得比较低，保障期间更长，应该是非常划算的。”

### 情景四：没听过你们这家公司，可靠吗

**客户：**“我没有听过你们这家公司，可靠吗？”

**保险代理人：**“我必须告诉您，其实选择产品的重要性不亚于选择保险公司，因为既然政府核准这家保险公司开业，基本上就已经替被保险人做了最严格的筛选，但产品就不一定了，每个公司的经营管理方式不同，所以保障方式、回收方式也不尽相同。”

**客户：**“但是你们公司我的确没有听过。”

**保险代理人：**“为什么我能很坦白地告诉您关于产品的选择方法？原因是我认同保险，我确信从事保险是一件极有意义的事，借着保险，我不但可以帮助别人，也可以建立自己的终生事业。我已经肯定了保险，也确定了未来的人生观，所以我希望从事保险工作以后，能让所有的客户都信任我，但最重要的是我必须先敬重这行业，按部就班、循序渐进地踏实工作。”

**客户：**“我很欣赏你的这种工作态度。”

**保险代理人：**“谢谢！很幸运的是，我已获得相当多客户的信任，这就是他们的记录，请您过目，也请您信任和肯定我，相信我不会让您失望。”

### 情景五：别家公司的条件比你们好多了

**客户：**“我看过别家公司的条件，比你们好多了。”

**保险代理人：**“现在所有保险公司的费率都是根据生命表计算出一个数据，然后依每家公司的利率、费用率、死亡率，算出各个险种、每个年龄的保费，之后再送到监管单位审核，所以基本上不可能有太大的差别。”

**客户：**“是吗？”

**保险代理人：**“有些公司做出较高的承诺，往往是存在风险

的，我相信您也能够理解。至于我为您承办的保险，完全是按照您的状况设计的，内容不但符合您的需要，也考虑到了长远的目的，并且没有高估红利，这样分红时才不会让您失望。这是一张真正的好保单，怎会让您吃亏呢？”

### 情景六：你辞职了我去找谁啊

**客户：**“你要是以后不做保险了，到时候我找谁呀？”

**保险代理人：**“买保险是和保险公司签长期契约，而不是只与保险代理人往来。”

**客户：**“但是我怕那会很麻烦。”

**保险代理人：**“不会的，我们都知道，保险是客户万一发生事故，由保险公司弥补损失的措施，而卖保险的也可能会发生事故，因此希望一个保险代理人能服务二十年，事实上是有困难的。”

**客户：**“也是。”

**保险代理人：**“所以您在投保的时候最好能够了解，到底自己买的是什么产品？有哪些权利与义务？不要因为卖保险的人是亲戚或朋友，就可以不去了解。

最重要的是，您需要了解，有了像您这样的客户的支持，我一定会在这个行业长期做下去，自始至终为您提供优质的服务。”

**拓展训练**

除了以上三个方面的原因外，客户产生异议的原因还有哪些？

1. ____________________
2. ____________________
3. ____________________

# 积极处理客户异议

培训师的话

在销售过程中，客户异议是客观存在的、不可避免的，它是成交的障碍，也是客户对保险产品产生兴趣的信号。若处理得当，能使销售工作进一步深入下去。因此，保险代理人应积极处理客户异议。

## 一、对待客户异议的态度

客户异议具有两重性，它既是推销的障碍，也是成交的信号。在销售活动中，客户异议的产生是必然的，保险代理人应采取正确的态度对待异议。对待客户异议的态度具体如下图所示。

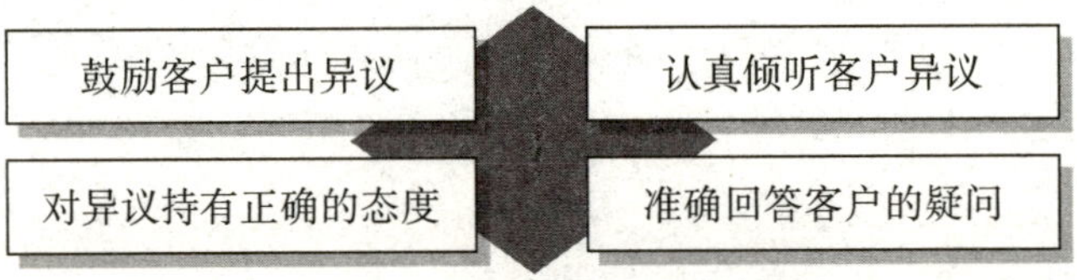


对待客户异议的态度

### 1. 鼓励客户提出异议

客户有异议表明对保险感兴趣，有异议意味着有一线成交的希望。保险代理人通过对客户异议的分析可以了解对方的心理，知道客户有何疑虑，从而按病施方，对症下药，给客户一个圆满答复。日本一位销售专家说得好：“从事销售活动的人可以说是与拒绝打交道的人。战胜拒绝的人，才是销售成功的人。”

### 2. 对异议持有正确的态度

客户对保险代理人提出异议，对产品介绍和洽谈的效果会起到一定的负面影响，甚至直接阻碍销售洽谈的正常进行，干扰保险代理人的思路，影响成交的结果。

从另一个角度理解，客户异议使整个销售过程进入一个双向沟通的环节，表明客户对产品产生了兴趣，只是存在疑虑。保险代理人可以从中明确客户对销售建议所能接受的程度。如果此时保险代理人积极对待客户异议，迅速地修正销售技巧，并采用正确、恰当的方法因势利导，消除客户的忧虑，就能使沟通工作顺利进行下去。

### 3. 认真倾听客户异议

倾听，不仅可以表明保险代理人对客户的尊重，而且可以促使客户发表意见。保险代理人切忌在客户发表异议的过程中表现出三心二意或不耐烦的态度和行为，否则会使客户认为保险代理人缺乏诚意。保险代理人应对客户提出的异议表现出极大的兴趣和热情，并从客户的表情、肢体动作等方面分析异议产生的原因。

### 4. 准确回答客户的疑问

客户在谈话中，可能会提出一系列疑问要求保险代理人回答。对此，保险代理人不应回避，应给出合理的解答。

## 二、处理客户异议的原则

保险代理人处理客户异议的原则，具体如下页图所示。

处理客户异议的原则

### 1. 要习惯听“不”

当客户对保险代理人说“不”时，许多保险代理人都认为是对他个人及销售的否定，自然心中会产生不快。其实，换个角度考虑，客户说“不”，并不全是针对保险代理人个人而言的，或许是由于客户自身遇到不顺心的事，而将此种情绪发泄到保险代理人身上。这时，如果保险代理人能引导客户把心中的不快说出来，或许能与之成为朋友，最终达成一笔交易。

### 2. 不打无准备之仗

“知己知彼，百战不殆。”要有效处理客户异议，就必须事先预测客户可能提出哪些异议，并做好回答的准备。在回答前，要彻底分析客户提出异议的真实原因。事实上，绝大多数异议的背后都掩藏着一些其他实质性的问题，客户提出来的异议只是拒绝购买的借口。

**七巧板**

保险代理人要善于观察，多提问题，以便了解客户异议背后隐藏的真实原因，然后对症下药，予以消除。

## 3. 选择适当时机

保险代理人对客户异议的处理时机，具体如下表所示。

**处理客户异议的时机**

| 序号 | 时机 | 具体处理 |
|---|---|---|
| 1 | 异议尚未提出时 | （1）保险代理人察觉到客户即将提出某种异议时，最好抢在客户之前主动提出并给予解决<br>（2）保险代理人完全有可能预先揣摩到客户会提出的异议并抢先处理，因为客户提出异议有一定的规律性 |
| 2 | 异议提出后立即回答 | 在大多数情况下，面对客户提出的异议，保险代理人应立即给予回答，这样既可以增强客户购买的信心，又可以表现出对客户的尊重 |
| 3 | 异议提出后搁置一段时间再回答 | （1）保险代理人对权限外的或不能确定的事情无法立刻做出回答时<br>（2）在客户还没有完全了解保险产品的特性及其利益前提出价格问题时<br>（3）当客户提出的异议在之后的产品说明中能够更清楚地解决时<br>（4）异议模棱两可、含糊其词、让人费解时<br>（5）异议显然站不住脚、不攻自破时<br>（6）异议不是用三言两语可以解决时<br>（7）解决异议超过了保险代理人的能力水平时<br>（8）异议涉及较深的专业知识，解释也不容易被客户理解时 |

## 4. 永远不与客户争论

不管客户如何批评产品、公司，保险代理人都不能与其争辩。因为争辩并不是说服客户的方法。用一句销售行话讲：“占争论的便宜越多，吃销售的亏越大。”

### 5. 给客户留面子

保险代理人要尊重客户的意见，客户的意见无论是对是错，是深刻还是幼稚，都不能对其表现出轻视的态度。

### 6. 以诚相待

归根结底，处理客户异议的目的是获得客户的理解和信任，这就要求保险代理人在处理客户异议时必须坚持以诚相待的原则。

### 7. 迅速处理

处理客户异议以迅速为本，因为时间拖得越久，越容易激发客户的愤怒情绪，同时，客户的错误想法也会随着时间的推移而变得顽固。

## 三、处理客户异议的步骤

客户异议提供了成交的机会，保险代理人要把握机会，耐心聆听并解答客户异议，为客户提供满意的答案。有效解决客户异议的步骤如下图所示。

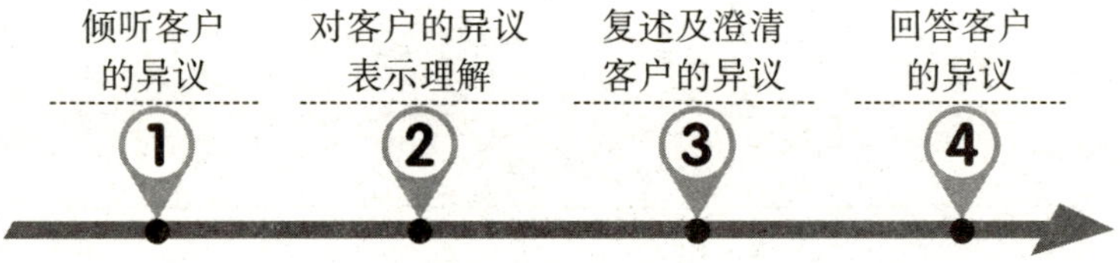


**处理客户异议的步骤**

### 1. 倾听客户的异议

保险代理人应耐心倾听客户说明异议，使客户感觉到自己是受重视的。通过倾听，保险代理人可以弄清楚客户的反对意见是真实的还是一种拒绝的托词。如果是真实的就应该马上着手处理；如果仅是一种拒绝的托词，就应挖掘客户的深层意思了。

### 2. 对客户的异议表示理解

如果客户提出的异议是合情合理的，在表示理解的同时，可以用以下的话语来回应客户：

“我明白您为什么有这样的感受，其实很多客户最初也有和您一样的感受，但是一旦了解了这种保险产品，他们就会发现这种保险产品确实能使他们受益。”

这样表述的目的在于承认客户对某个问题的忧虑，但却没有表示赞同或表现出防卫意识。

### 3. 复述及澄清客户的异议

比如，复述客户的异议：“您的意思是说这种保险的保费太高，这就是您不愿意购买的原因吗？”如果客户回答“是”，就提出与之相应的购买利益；如果感觉到客户还有其他顾虑，则继续通过开放式的问题进行了解。

复述异议不仅能够表明保险代理人一直在认真倾听客户说话，同时还能给自己多留一些思考的时间。

### 4. 回答客户的异议

客户希望保险代理人认真听取自己的异议，尊重自己的意见，并且希望保险代理人及时做出令人满意的答复。但是，在某些特殊情况下，保险代理人可以回避或推迟处理客户异议。

**七巧板**

保险代理人在客户提出异议时，应以沉着、冷静的态度，用事实、数据、资料回答客户，而不能直接反驳客户，引起客户反感。

## 四、处理客户异议的方法

处理客户异议的方法有很多种，保险代理人要根据客户异议的实际情况选择正确的处理方法，才能更好、更快地处理异议。常见的异议处理方法如下图所示。

处理客户异议的常见方法

### 1. 补偿客户异议法

补偿客户异议法，是指保险代理人利用该产品的优点或长处来对客户的异议进行补偿或抵消的一种方法。

当客户的反对意见很有道理时，保险代理人采取否定的态度和反驳的策略是不明智的，保险代理人应客观地分析该产品的优点和缺点来帮助客户重建购买决心，这时应当使用补偿客户异议法，避免出现前后矛盾的问题，使保险代理人处于尴尬的境地。

### 2. 合并客户异议法

逐一回答客户的反对意见不仅要花费大量的时间和精力，还会延长洽谈时间。将客户几种异议合并起来同时回答就可以避免陷入上述困境，还可以削弱这些异议对达成交易的影响。当客户提出的真正异议无法得到即时解决时，运用合并异议法将其合并处理，避重就轻，可以化解困境。

### 3. 重复与削弱客户异议法

重复与削弱客户异议法是指保险代理人对某些不确切的反对意见，先用委婉的语调复述一遍，使其变得较为确切、温和，然后再予以答复的一种处理方法。其核心思想是通过重复来削弱客户异议的尖锐程度甚至改变其性质，以此缓和洽谈气氛。

比如：

客户："又涨价了，怎么涨这么快？"

保险代理人："是啊，我也有同感，费率涨得太快了。"

此时，保险代理人的认同将使气氛缓和下来，大大削弱客户问题的尖锐程度，经过"降温"后再慢慢解释，消除客户异议以达成交易。

### 4. 转化客户异议法

客户异议既是交易的障碍，也是达成交易的信号。转化法就是利用客户异议积极的一面来处理异议或克服异议的消极影响，将客户拒绝购买的借口转化为说服客户购买的理由，将客户的异议转化为达成交易的信号。

比如：

客户："你们的车险费率怎么比去年还高？"

保险代理人："是的，是上涨了一点，根据保监会的文件指示，下个月还要调高费率，您最好赶快买，否则又会涨价了。"

### 5. 肢解客户异议法

肢解客户异议法是将客户的反对意见细分为许多部分，然后再逐一答复或与客户逐项进行讨论，引导客户具体分析自己提出的购买异议的方法。肢解客户异议法，可以使客户认识到异议的某些不合理性，进而放弃异议，达成交易。

如何进行肢解要根据客户和保险代理人当时的情境来定，重点应放在肢解客户主要观点的论据上，并通过客户认同的逻辑进行推理，在客户参与的讨论中将其结论性的论点推翻。

### 6. 反问逼退法

反问逼退法是指保险代理人在难以说服客户的情况下，通过对客户异议提出反问，迫使客户进行自省，进而放弃异议的一种处理方法。反问逼退法适用于洽谈气氛不融洽或者客户比较固执时，保险代理人通过提出反问，变被动为主动。反问逼退法是一种言辞激烈的处理客户异议的方法，容易引起客户的抵触情绪，要慎重使用。

### 7. 引申归谬法

引申归谬法是指在销售洽谈过程中，保险代理人既不接受购买异议，也不削弱异议，而是对异议进行引申分析，详细说明异议的内在含义及其产生的可能后果，引导客户承认异议是错误的。其难点在于：一是引申要合情合理，使客户乐于接受，逻辑要正确；二是其目的是全盘否定客户的意见，处理不好，容易引起客户的反感。

### 8. 例证约束借鉴法

例证约束借鉴法是指在销售洽谈中，保险代理人通过列举事例说服客户，从而使客户放弃异议的一种方法。

**七巧板**

使用此方法时要先了解影响客户购买行为的主要因素、客户心目中的崇拜群体、例证是否合理等。例证要具体，并且可以考证，这样才可以说服客户。如果所举例证涉及自己的老客户，要注意保密。

### 9. 岔开拖延法

岔开拖延法是指在销售洽谈过程中，客户情绪激动，连续不断地提出许多购买异议，回答时机不成熟或回答错误会导致洽谈时间无限延长时，保险代理人通过谈论其他事情或有技巧地将客户异议往歧路上引开，把客户争论的问题转移使其谈论其他感兴趣的话题，从而使气氛变得融洽的方法。将异议拖延至适当时机再回答。

### 10. 有效比较法

有效比较法是指在销售洽谈过程中，保险代理人不直接反驳客户的购买异议，而是通过与客户一起对可以考证的、具有可比性的事件进行比较，使产品的优点凸显出来，以此打动客户，最终消除客户异议的一种方法。

## 实战话术

**情景一：老了后有孩子照顾，不用考虑买保险**

**客户：**“老了后有孩子照顾，不用考虑买保险。”

**保险代理人：**“保险还有一项很重要的功能，就是能维护我们的自尊。比如有一个人现在每年缴一点钱，万一他突然有急用而刚好借贷无门，可以通过保险得到一笔钱，而且不用急着还，因为可以累积到满期或身故才还，一点也不会影响到保险的利益，如果不需要贷款，满期后就可以得到预期的满期金。满期金可以和社保或企业退休金相累积，使老年生活得以维持较高水准。”

**客户：**“是吗？听起来还不错。”

**保险代理人：**“而且大家都说现在的小孩比较现实，也不太孝顺父母，所以老年时不一定能依靠儿女。为了保险起见，在有能力时不妨多买一些保险，年纪大时就有依靠，稳当且实在多了。再讲一个笑话，如果拥有一张高额保单，父母也可对子女宣告，谁愿意奉养二老，保险受益人便是他，否则受益人将转为慈善机构或愿意奉养二老的人。白花花的钱谁不要呢？因此，老有所养矣。虽然是个笑话，但不无道理。”

### 情景二：以前的人没有保险还不是照样过日子

**客户：**“我们之前的那些人没有保险，还不是一样过日子。”

**保险代理人：**“可是您需要承认一个事实，以前的人们都会有很多的兄弟姐妹，一大家子人住在一起，彼此可以互相帮助、互相扶持。随着时代的变化，我们的家庭结构和生活方式都发生了很大的变化，您认同吗？”

**客户：**“这个我同意。”

**保险代理人：**“根据统计，现在一家四口以下的家庭数占总家庭数一半以上。您想想看，以前大家庭的互助力量现在都不存在了。每个人都要买房子、买车子、生孩子，都有一堆负债，遇到困难，恐怕连兄弟姐妹都爱莫能助。再加上物价高涨、费用扩张、赚钱不易，若是小家庭中的夫妻有一个人出事，另一个将如何是好？所以，保险可作为社会转型中的辅助工具，只要大家把以往互助的费用挪出一部分来买保险，社会问题自然会少一些，您说是不是？”

### 情景三：我才不会让保险公司拿我的钱去赚钱呢

**客户：**“买保险的钱都让你们保险公司拿去赚钱了。”

**保险代理人：**“我们平心而论，如果保险公司不赚钱，您还敢投保吗？”

**客户：**“那我不如自己用钱来赚钱，何必给你们啊！”

**保险代理人：**“就像您买了一件商品，如汽车、电视，您会不会考虑这家公司经营好不好，结构稳不稳？要是您知道这家公司过不了几天就会倒闭，还敢买它的产品吗？因为您一定会担心买了产品以后的服务和维修。买保险是长期投资，如果保险公司不能赚钱，那一定是经营出了问题，不但会影响服务品质，还会使预期红利减少，使客户的利益受损，所以保险公司赚钱不但是应该的，而且还是值得鼓励的。”

**客户：**“反正你们是用我的钱去赚钱的。”

**保险代理人：**“那您可以当成是我们用您的钱来帮您赚钱啊。保险公司怎么赚钱，有三个主要的指标：一个是利差，一个是费差，一个是死差。单以投资而言，因为这些钱都是从客户的身上收取的资金，所以一定要顾及安全、流通与收益性的原则。监管单位也对保险业资金使用范围制定了许多限制，这些限制包括严格要求投资对象的条件、投资金额的比率等，所以基本上保险公司不太可能有暴利产生。再说，买保险的人只缴一点钱买一单保险，万一中途出了事，所获得的理赔金可能是所缴保费的十倍或百倍，因此谁赚谁的钱还不一定呢！”

### 情景四：要是保险公司倒闭了，我找谁啊

**客户：**“要是你们保险公司倒闭了，到时候我去找谁呀？”

**保险代理人：**“一家保险公司的设立、经营、管理、投资，必须经过监管单位严格的管理及约束，除了平时的监督，每年还会做一次深入的审核，一旦发现违反管理办法，即视其情况轻重予以纠正，轻者撤换负责人，重者甚至撤销执照。”

**客户：**“但是我到底该怎么办呢？”

**保险代理人：**“每张保单中都要提供一定的保证金给监管单位形成专项基金，以防万一，有保险公司财务状况不稳时，可由该基金代为负责。”

**客户：**“是吗？”

**保险代理人：**“因为保险是金融及公司性事务，其经营成败对社会的影响既深且广，且保险契约为附合契约，通常为保险公司单方拟定。另外，保险为专门技术，被保险人自己较难保障本身权益。所以，监管单位在一笔保费进入保险公司后，就开始注意其流程是否经过严格的核保，对其安全性进行评估，并进行再保的分配。

至于其对外的投资，也严格规定其投资标的的安全性、稳定性、收益性、流通性及投资的比率，稍有差错便及时提出纠正，所以保险公司的风险较一般金融机构低。”

**客户：**“我还是觉得不放心。”

**保险代理人：**“若您还是不放心，最好在投保前考虑这家公司以往的声誉形象，先给予评估，然后再投保。”

### 情景五：条款都是对你们有利的，打起官司来我赢不了

**客户：**“条款对你们有利，要是打官司我赢不了。”

**保险代理人：**“的确，条款已经拟定好，而保险公司也有专门人员处理纠纷事宜，但若真的上了法庭，保险公司不见得能占便宜。”

**客户：**“我个人的力量肯定抵不过你们保险公司啊。”

**保险代理人：**“法律会保护善意的第三者，因为投保人不可能逐条研讨条款后才买保险，而保险公司也无法按照投保人的意思拟定条款，所以当双方有争执时，法院通常保护投保人。”

**拓展训练**

面对客户提出的异议，保险代理人应采取什么态度和方法来处理？

1. ______________________________

2. ______________________________

3. ______________________________

# 第八章

# 因势利导，促成客户成交

## 情景导入

邓老师："上节课，我们讲了如何处理客户异议。俗话说，'挑货才是买货人'，因此客户有异议是很正常的事情。但是，面对客户的异议，我们一定要用正确的态度去面对、去处理。"

小郑说："邓老师说得太好了，这点我感触颇深。虽然异议总是带来烦恼，但它也是保险代理人从客户身上获取更多信息、影响客户的机会。解决异议并满足需求不但是服务客户并同其建立良好关系的绝佳机会，而且经常能创造新的销售机会。"

邓老师说："不错，客户有异议表明对保险感兴趣，有异议意味着有一线成交的希望。保险代理人通过对客户异议的分析可以了解对方的心理，知道客户有何疑虑，从而按病施方，对症下药，给客户一个圆满答复。日本有一位销售专家说得好：'从事销售活动的人可以说是与拒绝打交道的人。战胜拒绝的人，才是销售成功的人。'"

小文说："看来，客户能提出异议并不是坏事，关键是看我们代理人如何解决这些异议了。"

邓老师："对，客户对保险代理人提出异议，对产品介绍和洽谈的效果会起到一定程度的负面影响，甚至直接阻碍销售洽谈的正常进行，干扰保险代理人的思路，影响成交结果。但从另一个角度理解，客户的异议使整个销售过程进入了一个双向沟通的环节，表明客户对产品产生了兴趣，只是存在疑虑。保险代理人可以从中明确客户对销售建议所能接受的程度。如果此时保险代理人积极对待客户异议，迅速地修正销售技巧，并采用正确、恰当的方法因势利导，消除客户的疑虑，就能使沟通工作顺利进行下去，最终达成销售。

比如，当你处理完客户异议的时候，就是提出成交的好时机。特别是当客户提出一个比较重要的异议，你非常有效地处理完之后，他如果没有马上提出新的异议，这就是一个很明显的成交信号，这时要抓住这个信号提出成交要求。”

小文说：“邓老师，那您就给我们详细讲讲如何抓住成交信号，提出成交要求吧。”

“好，那今天我们就来共同学习这方面的内容吧。”邓老师说。

## 把握成交时机

培训师的话

最佳的成交时机，就是客户流露出投保意图的时候。很少有客户会主动提出购买保险，所以，保险代理人需要在恰当的时机主动请求客户购买。

### 一、辨别成交时机

在保险代理人向客户推销保险的过程中，可能成交的机会有很多。保险代理人应该反复尝试，不断试探成交的可能性。

什么时候为适当的成交时机呢？一般认为有以下几种情况。

（1）在介绍了保险产品的主要优点之后。

（2）当客户表示对保险非常有兴趣时。

（3）客户仔细研究保险计划书后。

（4）保险代理人对客户的疑问做出解答之后。

（5）消除客户异议之后。

（6）客户对保险产品表示赞许之后。

## 二、识别成交信号

成交信号是指客户显示出来的，表明其可能采取投保行动的信息。如果客户已经有投保意图，那么这种意图就会通过语言、表情、行动流露出来。

在保险推销过程中，保险代理人可以把成交信号的出现当作促进成交的有利时机，这就要求保险代理人平时多观察、多总结。成交信号可以分为表情信号、行为信号、语言信号三种。

### 1. 表情信号

表情信号，是保险代理人在向客户介绍产品时，从客户的面部表情和体态中发现的成交信号。人的面部表情不容易捉摸，眼神更难猜测，但经过反复观察与认真思考，保险代理人仍然可以从中读出成交信号。具体如下图所示。

1. 眼睛转动由慢变快，眼睛发光，神采奕奕，腮部放松
2. 由咬牙沉思或托腮沉思变为脸部表情明朗、轻松、活泼与友好
3. 由冷漠、怀疑、深沉变为自然、大方、随和、亲切
4. 表情开始认真起来

**客户发出的表情信号**

### 2. 行为信号

行为信号是代理人在向客户推销产品的过程中，从客户的某些细微行为中发现的成交信号。一旦客户完成了认识与情感上的接受过

程，拿定主意要购买产品时，便会做出与听保险代理人介绍产品时完全不同的动作，保险代理人可以通过观察客户的动作识别其是否有成交的倾向。

下图所示的是一些常见的客户发出成交信号的行为。

1. 客户伸手去拿保险代理人所提供的资料
2. 松弛下来，尤其是把手摊开
3. 身体向保险代理人的方向倾斜
4. 把交叉的双腿放开来
5. 客户关掉电视
6. 客户很明显地对保险代理人的意见表示赞同
7. 客户与别人商量
8. 客户沉默下来思考
9. 客户招待保险代理人吃东西

**客户发出的行为信号**

## 3. 语言信号

所谓语言信号，是指保险代理人在与客户的交谈中发现的客户某些语言所流露出来的成交信号。这种信号可以从客户的询问及措辞中觉察到。

在推销过程中，若有下页图所示的情况出现，就可能是客户发出了成交信号。

客户发出的语言信号

## 三、做好成交准备

促成的失败可能会影响保险合同的签订，从而使保险推销陷入困境，甚至完全失败。因此，保险代理人在促成阶段要保持良好的成交心态，以达到有效的促成。具体如下图所示。

成交前应保持的心态

### 1. 保持自信

在整个推销过程中，保险代理人必须相信自己能够取得成功，只有对自己充满自信，才能在促成时表现得游刃有余。同时，保险代理人的自信也可以传染给客户。如果保险代理人缺乏自信，就会影响客户对投保的信心。所以，自信的态度是保险代理人有效促成的必要条件。

### 2. 服务热忱

保险代理人在促成时，应该始终满怀热忱，努力设法为客户提供最好的服务，让客户享受到最好的保障。

### 3. 态度诚恳

保险代理人在促成时，态度必须诚恳，尽量站在客户的立场为客户着想，使客户安心自在地与保险代理人成交。切忌来势汹汹及不断逼迫客户，这样只会使客户感到不安，从而拒绝成交。

### 4. 锲而不舍

保险代理人遭到客户拒绝是必然的，所以，保险代理人必须主动尝试多次促成，不要轻易放弃，要有一种锲而不舍的精神，相信“精诚所至，金石为开”。

如果客户对于投保一直摇摆不定，一般来说，保险代理人应该至少尝试五次促成，给客户五次下决心的机会。

**七巧板**

促成可能成功也可能失败，如何有效促成，将成为保险销售重要的一步。

**拓展训练**

保险代理人可以从哪些方面捕捉客户释放出的成交信号？

1. ________________

2. ________________

3. ________________

# 用对成交方法

培训师的话

促成的失败可能会影响保险合同的签订，从而使保险推销陷入困境，甚至完全失败。保险代理人要认真地领会及巧妙运用促成方法，才能有效促成保险合同的签订。

## 一、诱导主动成交法

一般而言，如果客户主动提出投保，说明保险代理人的说服工作十分奏效，也意味着客户对保险计划书十分满意，客户对投保不再有疑虑，因而成交会非常顺利。所以，在推销过程中，保险代理人应尽可能诱导客户主动投保，这样可以减少成交的阻力。

保险代理人在说服客户采取投保行动时，一定要让客户觉得这是自己的决定。这样，在成交的时候，客户的心情就会十分舒畅而轻松。

比如：

“××先生/女士，现在您有了我为您专门设计的解决方案，您和您家人就可以安安心心地享受生活了。这套规划提供的保障还包括了附加意外保障和医疗保障，在万一您有什么事故的时候可以将您的经济损失降低到最小的程度，同时也可以让您的家人一直享受到您对他们的关心和爱护。”

“××先生/女士，要让这份针对您的家庭实际情况设计的保障规划开始生效，以此来保障您的家庭，还要请您在这份投保书上签字，另外再缴付保费，余下的手续我都会替您办好的。您的身份证号码是……”

## 二、直接请求成交法

直接请求成交法是明确地直接要求客户投保的方法，这是保险代理人工作中最基本、最常用的一种方法。

### 1. 适用情况

直接请求成交法适用于客户已有明显投保倾向但仍犹豫不决，客户的顾虑经过保险代理人的详细解释，已经全部解决，但客户仍不愿主动开口决定投保时。

### 2. 特点

直接请求成交法借要求成交向客户进行直接揭示并略施压力达成成交，以节约时间，提高效率。如果过早直接提出成交请求，可能会破坏良好的推销气氛，还可能给没有下定决心投保的客户增加心理压力，从而使保险代理人处于被动。

比如：“××先生/女士，经过这段时间的沟通，我已经基本上了解了您的家庭财务和保障需求的情况，我也已经让您了解了我们公司可以提供给您的解决方案，现在让我们一起来看一看我带来的投保单好吗？”

## 三、假想成交法

假想成交法是保险代理人在假定客户准备投保的基础上，通过讨论一些具体问题来促成交易的方法。

比如，当保险代理人发现客户有明确的投保意图时，可以不失时机地问：“您是年缴还是月缴？通信地址就写您这里的地址是吗？”

保险代理人应当用平稳的方式过渡到这种方法，不要出现停顿或突然转换话题。

在客户回答后，保险代理人就可以顺势在投保单上填写。如果客户同意保险代理人填写投保单，也就预示着成交的达成。如果客户试图阻止保险代理人的填写动作，那他肯定还有一个真正的异议没有得到解决。此时，保险代理人还需要耐心地处理客户的异议，再继续填写。

## 四、参与式成交法

参与式成交法是指保险代理人做两手准备，不知不觉地支配客户的意志让客户参与到保险计划书的设计中，从而达到成交目的。

保险代理人在促成签单的过程中有许多的工作需要做，如写计划书、建议书、可行性报告等，还要处理客户的许多异议，但结果往往是徒劳无功。其中很大的原因就是忽视了一点：没有让客户参与其中，没有让客户自己参与决定。因为人们都希望自己为某些事物的形成和发展出一份力，特别是当这些事物与自己有关的时候，这就是大家常说的“参与心理”。

## 五、二择一法

二择一法是保险代理人避免和客户讨论是否投保，直接向客户发问是保A型还是B型，是保一份还是保两份，让客户不知不觉变成保户。

二择一法的使用要注意以下几个问题。

（1）把客户的选择限制在有限的范围内。一般只有两个方案可供选择，而且两个方案均可实现实际投保。

（2）向客户提出具有可行性的选择方案，使客户比较容易地进行选择。

（3）保险代理人应该把选择权交给客户，让客户自己选择。保险代理人事先做好准备，在提出选择方案时应能保持良好的氛围。

（4）帮助客户进行选择，当好客户投保决策的参谋与顾问。

## 六、终结式成交法

终结式成交法通过提出保单利益吸引客户再提出成交，此时，成交的概率就高多了。

比如，当客户犹豫不决时，保险代理人可以将保单利益再概述一次，然后对客户说："如果您没有什么疑问的话，您可以在这里签上您的名字。"

**拓展训练**

各种成交方法在实际工作中要如何搭配运用才能取得更好的效果呢？

1. ______
2. ______
3. ______

# 把握成交细节

**培训师的话**

促成的过程是保险推销的关键环节，但有的保险代理人却经常因为忽略微不足道的细节而最终影响成交。因此，保险代理人必须领会促成成交的要点，把握成交的细节。

## 一、创造有利的成交环境

在销售成交阶段，周围环境对成交与否有重要影响。它会影响成交的气氛，并在无形中影响客户的心情，甚至改变交易的结果。

一般来说，对于成交环境的要求如下图所示。

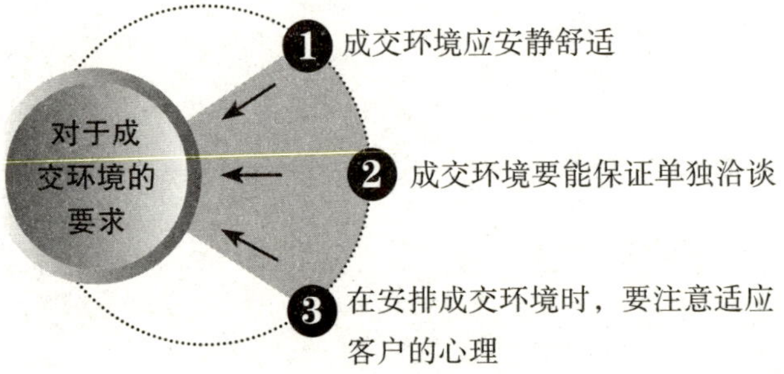


对于成交环境的要求

### 1. 成交环境应安静舒适

安静舒适的环境可以使人心情舒畅、精神愉快、心平气和，有利于客户接受保险代理人的劝说和要求。

### 2. 成交环境要能保证单独洽谈

在协商成交的重大事宜时，最好只有保险代理人和客户两人参与。应避免第三者介入，以防因第三者中途进入而重复已完成的某些销售环节，打断销售工作正常的程序；或出现意见不一致的情况，导致重新做出决定，改变本来的协商结果。当环境不利时，保险代理人可以寻找资料或与其共进午餐为由约见客户商谈。

### 3. 在安排成交环境时，要注意适应客户的心理

在条件允许的情况下，保险代理人选择协商成交环境应以适应客户心理为原则，尽量选择让客户放松、能卸下心理防御的场所，譬如选择在客户所熟悉的场所，如客户的工作单位、办公室或家里等。

## 二、领会促进成交的要点

所谓促成是指帮助并鼓励客户做出购买决定，然后协助其完成手续。促成交易是行销的终极目的，因此，保险代理人有必要领会下图所示的促进成交的要点。

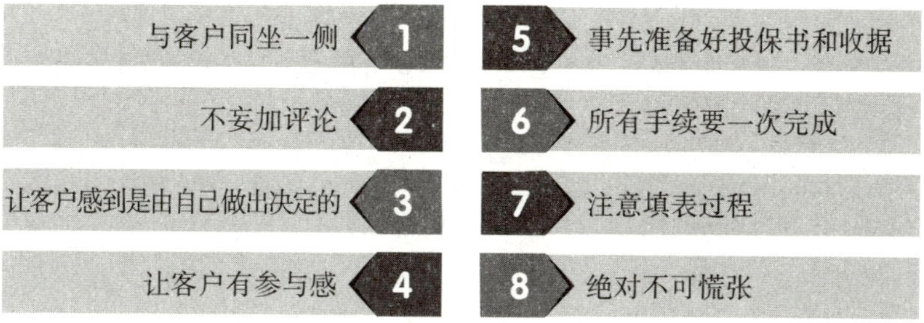


促进成交的要点

### 1. 与客户同坐一侧

在与客户交流时，和客户同坐一侧比较好，这样可以避免目光对视的尴尬，也有助于给客户正在进行投保的感觉，而不是在接受推销，有利于消除客户的压迫感。随着谈话的深入，双方逐渐消除隔阂，在进入说明时就应该将位置移到客户的侧面，以便展示资料进行说明。而促成阶段，应该再向客户靠近些，让客户感觉到保险代理人对他的重视，这样就会引起客户的重视。

### 2. 不妄加评论

在保险推销中，客户有可能会提出一些关于别的保险公司的问题。对于这些敏感话题，保险代理人都应绕开，不做正面回答，更不要妄加评论。

客户的异议大多都只是随便说说，这时，保险代理人就不要轻易表态，更不能妄加评论，如若非回答不可，也只能先听取客户的意见，再以委婉的语气转化客户的异议，使异议不至于对成交起阻碍作用。

### 3. 让客户感到是由自己做出决定的

成交是一个决策过程，大多数客户都不愿意在此过程中受外在压力的影响。当客户的成交意向相当明确后，保险代理人就应该及时对客户的投保决定表示赞赏，使客户认为他的选择得到了认可和肯定。保险代理人在与客户商谈的最后阶段，保持谨慎的态度，使客户处于强势地位，让客户感觉是由自己做出决定的，这会使他充满自豪感。

### 4. 让客户有参与感

对于自己的决定，客户总希望能够更多地参与进来。因此，除非客户自己征求意见，否则保险代理人应避免帮客户下决心，而应给出一些简单的计算方法，让客户在一定的指点下通过查表、测算，自己决定投保多少，从而获得参与感。

### 5. 事先准备好投保书和收据

有经验的保险代理人坐下来与客户谈话之时，就会把所有资料都按顺序摆放在客户面前，抓住机会不断促成，以投保书和收据进行试探。不要等到客户决定签单了，保险代理人才手忙脚乱地找投保书和收据，错过了促成的最佳时机。

有些保险代理人在填写合同的时候通常默不作声，把精力都集中在合同上。这种沉默通常会使客户焦虑不安，他也许会对自己说："我现在应当做什么？"接着，所有的疑虑和不安会重新涌上心头，很可能导致交易失败。所以，在填写合同时，应不时地征询客户的意见，如姓名、单位等的填写，让客户参与进来。

### 6. 所有手续要一次完成

促成以后保险代理人应完成以下几点工作。

（1）填好投保书并签名。

（2）如属免体检条件即填好告知书，需体检时应安排好体检手续。

（3）收取第一次保费。

上述三点全部做完，推销业务才能算完成。如果保险代理人把以上内容分开做的话，不但会浪费时间，甚至还会遭到客户的拒绝。

## 7. 注意填表过程

尽管十分清楚客户需要填写的内容，但是专业的保险代理人仍然会边写边与客户进行轻松的对话，目的是让这一程序平稳过渡，让客户对他的决定感到满意、踏实。保险代理人的填表动作要自然流畅，在与客户对话时内容尽量不涉及保险。

**七巧板**

此时，保险代理人可以与客户谈及其家庭、工作或小孩，这些话题可以把客户的思绪从保险上转移开来，同时也感受到保险代理人对他的关心。

## 8. 绝对不可慌张

无论发生什么情况，保险代理人都应当保持理智，不要慌张，沉着应对。重要的是让客户将保费交给保险代理人完成促成过程。保险代理人一旦慌张，便会引起客户的怀疑。一般有以下几种情形可能会让保险代理人慌张。

（1）保险代理人急于签单的样子很容易令客户心生疑惑："莫非他心中有鬼？"一旦客户怀疑保险代理人对他有所隐瞒，那么他便可能警觉起来，找理由推迟签单或者干脆加以拒绝。

（2）保险代理人在与各类人物打交道时，可能会遇到即使已在投保单上签了字，也还是会提出各种异议的客户。

（3）有些客户，在成交之前仍可能有各种抱怨，或者提出不合情理的要求。

## 三、避免触犯促成过程的禁忌

对于促成过程中的一些禁忌，保险代理人应首先做好自我检查，看是否触犯了，如果有一定要第一时间纠正并在以后的工作中予以避免。在促成过程中，保险代理人要注意以下问题。

### 1. 制造问题

有时候保险代理人不知是紧张还是担心签单，会主动制造问题，客户没有提及的问题或是没有想到的问题，他会自己提出来，然后自问自答。这样会让客户觉得很不安，这是保险代理人的大忌。

如果这样做，促成的机会就从身边溜走了。千万不要在客户面前卖弄，或者将简单的问题复杂化，用很多专业术语解答问题，这样会令客户感到糊涂。

**七巧板**

在说明产品时，保险代理人应该尽量用通俗的、生活化的语言来解释保险的专业术语，做到有问有答，不问不说。

### 2. 缺乏耐心

有些保险代理人属于急性子，觉得只要自己不欺骗客户，为客户着想就行；或者认为保险计划书讲不明白没关系，反正不会害客户，买了总比没买强。如果客户是你很好的朋友，这样想还可以。但是，如果是不太熟的客户，恐怕客户很难接受这种方式。

因此，面对客户时，保险代理人一定要有耐心，一定要将保险责任和责任免除部分按照规定详细地为客户讲解，直到客户明白为止。

### 3. 计划不周全

我们从与客户接触开始，一步一步走到促成这个环节，前面的环节是否做得足够扎实，足以影响签单的成败。客户的资料是否真正收集齐全、客户的需求是否分析准确、保险计划中的产品是否精挑细选、与客户之间是否建立了信任，都会影响促成的结果。因此，扎扎实实做好每一步是最简捷的方法。

### 4. 刻意减价

有些保险代理人为了抢夺市场、提高业绩，使用一些不正当的竞争手段，千方百计诱导客户签单，如用减价的方式来吸引客户。这不仅扰乱了行业的正常秩序，同时也会给自己带来很多不必要的麻烦。

**拓展训练**

在与客户沟通洽谈的过程中，还有哪些细节与禁忌需要注意？

1. ________________________________

2. ________________________________

3. ________________________________

## 完善后期工作

**培训师的话**

成交不是销售的结束。优秀的保险代理人很重视成交后的收尾工作，与客户保持良好的关系，巩固现有的客户，并充分把握机会，通过该客户获得更多潜在客户的资讯和更多的保单。

在顺利成交后，保险代理人的工作并未全部结束，而是可以重新开始。那么，有哪些具体工作呢？

## 一、请客户介绍新客户

无论客户是否签下保单，都试着请他介绍新客户。

一般情况下，人们自己做出投保的选择，会希望得到其他人的认同，尤其是自己买到比较好的东西，很自然地会想到要和好朋友分享。所以，保险代理人应该拿出早已准备好的客户资料卡，请他填上好朋友的姓名、单位、电话、职务等，这样保险代理人就可以获得第一手资料。

### 实战话术

**情景：客户签下保单后，请他介绍新客户**

“先生，很感谢您对我们公司的支持和对我的肯定，但我还有一件事想麻烦您，像您这样的成功人士，肯定有不少朋友，是不是可以介绍两三个给我，让我也好去为您的朋友服务？”

## 二、不要喜形于色

虽然签约对保险代理人来说是一件值得高兴的事情，但是，这时保险代理人如果表现得过分喜悦，就会引起客户的反感。

在交易成功后，要隐藏内心的喜悦，不要给客户留下很得意的印象。要稳重大方，很有礼节地向对方表示祝贺和感谢。

## 三、祝贺客户

客户在投保前，总是想方设法从正反两方面了解保险产品的情况，而一旦达成交易后，便会肯定产品的优点，同时也希望别人赞美自己所购买的产品，以证明自己的决策正确。

客户签订保单后，保险代理人应再次表明客户做出这样的选择是明智的，并表示祝贺，可握着客户的手对他说："恭喜您做出如此明智的选择，恭喜您从今以后生活在保险的庇护之下，相信我们公司的服务会让您十分满意。"

**七巧板**

祝贺客户，不但能满足他希望得到赞美的心理，还可以使他对保险代理人产生信任感，不会只把这看成一单生意，而且也巩固了他对自己的决定的信心。

## 四、大声言谢

说声"谢谢"可以给客户留下深刻印象。大多数保险代理人不知道感谢客户，这正是他们得不到更多客户的原因。当保险代理人向客户表示真诚感谢时，会给客户留下良好的印象，并使客户对保险代理人更加信任。

## 五、及时告退

当保险代理人和客户办妥一切手续之后，保险推销的工作便告一段落，此时应当起身同客户握手，祝贺他，并对他表示感谢，然后及时告退，而不要做过长时间的逗留。

## 实战话术

**情景：成交后借公司事务离开**

“张经理，那我告辞了！按照公司规定，在收取客户保费3个小时之内要把保险费交到公司，以利于尽快出单，立即生效。那我先走一步了！”

**拓展训练**

客户成功签单后，保险代理人还要做好哪些后期工作，让自己的业绩再上一个台阶呢？

1. ________________________________

2. ________________________________

3. ________________________________

第九章

# 做好售后，赢得客户的信任

## 情景导入

邓老师："前面我们学习了有关促成客户签单方面的知识，也就是适时成交，是说我们代理人在行销商谈中，应巧妙把握购买时机与信号，及时促成保险交易。也就是帮助客户解决问题，引导其下决心购买保险。它是行销过程中的关键一环，意义非同寻常。因为代理人的一系列努力，都将在此环节中见分晓。"

"但成交签单，是否就意味着交易的成功、推销的结束呢？"邓老师问道。

小马："当然不是。签单以后还要做好客户的售后服务。"

邓老师："不错，从现代推销学的角度看，推销过程的成交阶段还应包括一个内容，即成交后跟踪，也就是售后服务，是指推销人员在成交签约后继续与客户交往，并完成与成交相关的一系列工作，以更好地实现推销目标的行为过程。

推销的目标是在满足客户需求的基础上实现自身的利益。客户的利益与推销人员的利益是相辅相成的两个方面，但这些利益在成交签约后并没有得到真正的实现。客户需要完善的售后服务，推销人员需要回收货款以及发展与顾客的关系，于是成交后跟踪就成为一项重要的工作。"

小文："原来售后服务这么重要啊，我还以为只要客户签单了就万事大吉了，看来是大错特错了。"

邓老师："是的，售后服务已成为现代推销活动不可分割的一个环节。它既是对上一次推销活动的完善，又是对下一次推销活动的引导、启发和争取。所以，售后服务的意义越来越受到重视。"

小文："那我们都要从哪些方面来做好售后服务呢？"

邓老师："这就是今天我们要学习的内容，下面我们一起来看看。"

# 认识售后服务

培训师的话

销售的完成并不意味着推销工作的结束，售出保单只是万里长征走完了第一步，我们可以通过优质服务来弥补售前服务的不足，了解客户的真正需求并尽力帮助其解决问题，达到“他满意，我获利”的双赢境界。

## 一、售后服务的核心

理赔是保险的核心，在保险售后服务中占有至关重要的地位，是客户满意的重要标准。理赔服务要尽量做到简化手续、提高速度和宽容性，还要尽量做到人性化，真正为客户着想，减少商业化色彩。因为在保险推销过程中，客户的感受是成功的最重要因素。客户要的是保险代理人能真正为他服务、替他着想、为他出谋划策，而不是保险代理人有多优秀。

七巧板

客户的满意是保险公司发展的基础，只有提供客户所需要的服务，才能让客户满意。因此，必须加强理赔服务及其他相关服务，让客户感觉到保险公司对他的重视与关心，增强客户对保险公司的信任。

## 二、售后服务的意义

保险售后服务的意义体现在以下两个方面。

### 1. 对客户

对客户来说，售后服务是判断保险公司专业水平的重要途径，其意义体现在下图所示的几个方面。

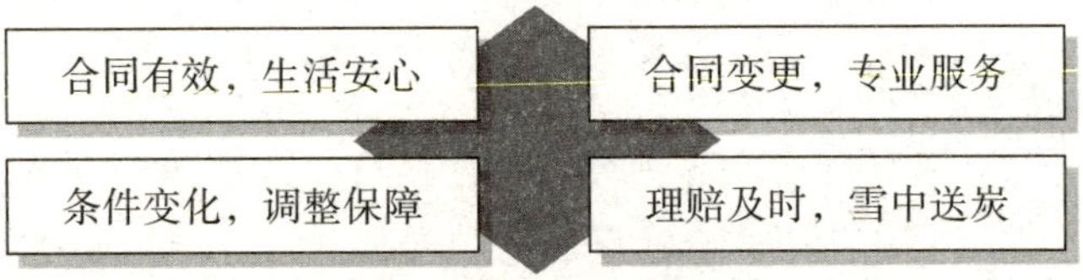


售后服务对客户的意义

### 2. 对保险代理人

对保险代理人来说，售后服务是开拓市场和维护市场、编织新的人际网络的有效方法，其意义体现在下图所示的几个方面。

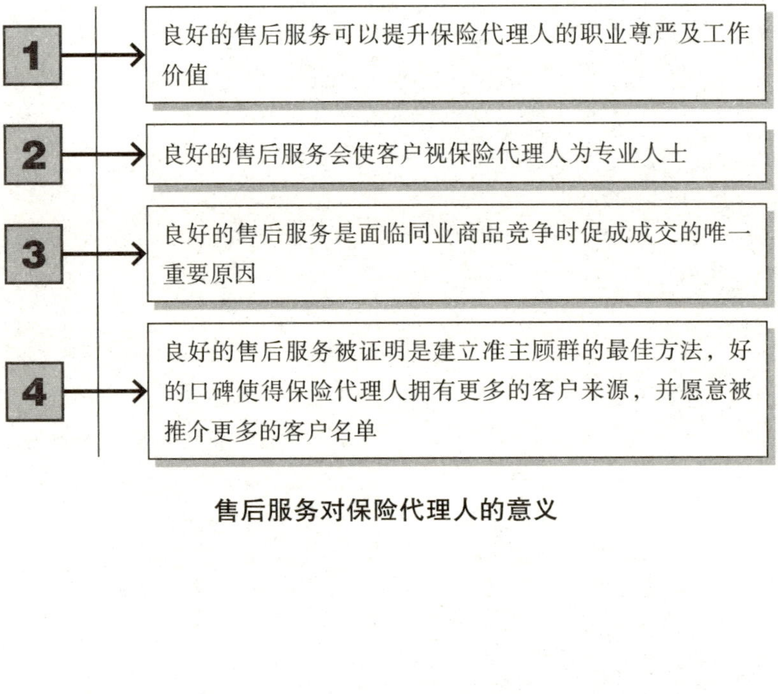


售后服务对保险代理人的意义

## 三、售后服务的类型

保险售后服务包括专业服务、顾问服务、帮助服务及关怀服务，保险代理人必须熟记这些保险售后服务的类型。

### 1. 专业服务

主动定时为客户检查保单内容，判断其是否符合客户的需求。尤其是当客户的身份或环境改变时，例如结婚生子责任加大，或经济富裕需加强理财规划，或有新保险产品或医疗需求时，都是调整保单的非常重要的时机。

需要理赔服务时，客户通常会通知保险代理人。当保险代理人接到消息时，应立即前往探视慰问并协助处理。办理理赔是最好的服务机会，其所需的资料证件、医疗证明、诊断书，尤其是诊断书和保单条款的关系，对于理赔的内容与速度有很大的影响，这是考验保险代理人专业服务的时刻。

### 2. 顾问服务

当保险代理人对保险专业和金融保险产品比较了解，并拥有各行各业的客户时，这些客户就好像拥有了一个顾问，除了保险方面的问题，当他们有某些非保险方面的问题时，保险代理人也可以提供帮助，解决问题。长此以往，客户自然会养成有问题先来找保险代理人的习惯。同时，因为保险代理人的诚信可靠，客户会对其产生依赖，进一步增进彼此的关系。

### 3. 帮助服务

有些客户比较忙碌，或对某些方面的事务较不善于处理，这时，保险代理人可以提供力所能及的帮助。至于碰到客户有急难时则更要主动、迅速地前往协助，千万要记得“雪中送炭”所代表的意义。

### 4. 关怀服务

当客户生日或逢年过节时，保险代理人应灵活运用寄卡片、打电话、约吃饭等方式向客户献上祝福，并把握好一个度，不过并没有一定的准则。原则上，以超出对方的预期为佳。其实，平时常和客户一起爬山打球，讨论共同兴趣，例如投资理财、休闲养生、健康饮食等都是很好的话题。

在日常交往中，关心客户所关心的，在乎客户所在乎的，真心诚意以对，自然会引起客户的共鸣并获得肯定。

**七巧板**

让客户将保险与保险代理人画上等号，讲到保险就想到保险代理人。这就是售后服务的最高境界。

**拓展训练**

为什么认为理赔是售后服务的核心？保险代理人要怎么做好理赔工作？

1. ______________________________

2. ______________________________

3. ______________________________

## 售后服务的内容

**培训师的话**

售后服务的重要性是保险代理人必须重视的，保险代理人不但要拓展新客户，更要留住客户，留住客户最好的方式就是做好售后服务。要想成为保险销售冠军就必须做好售后服务，这是一个决定性的因素。

# 一、保单递送

客户投保后，送出保险单的过程非常重要。客户签单之后，保险代理人带着客户所交的保费回到公司，在正常情况下，几天之后就可以领到保单正本了。这时，保险代理人不要因为忙于开拓新市场而把保单放在一边，迟迟不给客户送去。要知道，客户交钱之后，在没有看到保单正本之前，心里会焦急不安。

## 1. 递送保单的事前准备

保险代理人在给客户递送保单之前，要做好下图所示的准备工作。

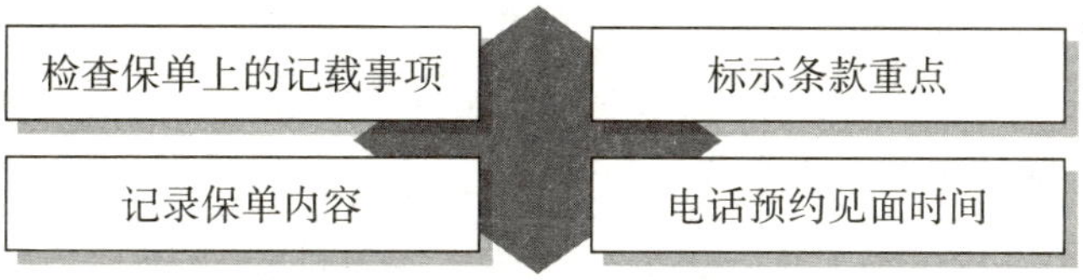


递送保单的事前准备

## 2. 递送保单的步骤

递送保单的步骤如下图所示。

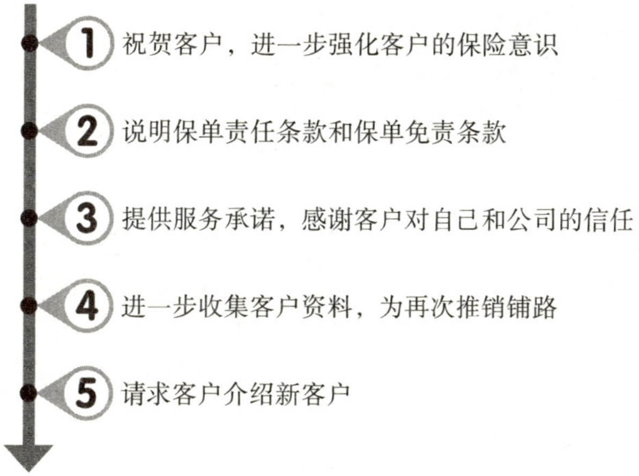


递送保单的步骤

## 七巧板

计划周详且迅速地递交保单，对于提高保单续保率相当重要。而保单续保率高，则有利于保险代理人提升业绩和收入。

## 实战话术

### 情景一：向客户递送保单

**保险代理人：**“杜姐，您好！恭喜您为自己和家人购买了这份保险。一般人通常不一定会考虑到未来的风险，但您有这个观念，说明您富有远见。剔除经济上的情况不说，并不是所有的人都能够投保保险。实际上，人寿保险只有客户在健康、道德、财务等条件全部通过后才能买到，所以您的保单能顺利承保，说明您的健康、道德、财务状况都非常好啊！”

**客户：**“哪里，你过奖了。”

**保险代理人：**“让我来重新解释一下您保单的保障范围……”（展示保单进行说明）

**保险代理人：**“刚才我所讲的还有哪些内容需要再详细解释呢？”（等待回答）

**客户：**“没有了。”

**保险代理人：**“如果没什么问题，我就正式将这份保单交给您，非常感谢您一直以来对我的信任，请您在这儿签收（拿出保单送达书回执）。如果将来对保单有任何不清楚的地方，您随时都可以联络我，公司有任何最新资料我也会及时通知您。”

**客户：**“好的，谢谢。”

**保险代理人：**“在您熟悉或认识的朋友当中，有像您这样特别有责任心或爱心的能给我介绍一下让我为他服务吗？”

**情景二：请客户转介绍**

“感谢您对我工作的支持与肯定，在离开之前，希望您能再助我一臂之力，我的工作就是要经常寻找像您这样有保险需求的人，我会尽力帮助他并做好服务，您能否给我介绍两三个像您一样热情、容易接近的亲戚朋友？”

## 二、保全服务

保全服务是售后服务的一项重要的专业内容。做好保全服务是保险代理人的义务，享受保全服务更是客户应有的权利。

提供保全服务需要保险代理人注意以下几个方面。

### 1. 合同撤销权的行使

投保人在收到保险单后10日内，且未发生保险金给付时，可以提出撤销申请。投保人要准备好下列文件，到保险公司办理。

（1）撤销保险单申请书。

（2）保险单。

（3）第一期保险费收据。

（4）投保人的身份证件。

（5）如果是委托他人办理的，需提供授权委托书和受托人的身份证件。

### 2. 保险合同的变更

在合同相应期限内，投保人如需变更合同内容，应及时提出申请，并准备好下列文件，到保险公司客户服务部办理。

（1）保险合同内容变更申请书。

（2）保险单。

（3）投保人（或被保险人）的身份证件。

（4）如果是委托他人办理的，应提供授权委托书及受托人的身份证件。

### 3. 保险合同效力的恢复

保险合同中止后，投保人可在2年之内申请复效，并准备好下列文件，到保险公司客户服务部办理。

（1）保险合同复效申请书。

（2）保险单（附最后交费凭证）。

（3）健康告知书。

（4）如果不是投保人亲自办理，则需提供授权委托书及受托人的身份证件。

**七巧板**

做好保全服务，会使客户对保险代理人和保险公司有更强的信心，有助于保险代理人事业的拓展。

## 三、附加值服务

在售后服务的项目里，保险代理人应注意有关保险合同的附加值服务，提升服务水平。具体如下图所示。

附加值服务

### 1. 定期沟通

有些客户希望保险代理人能与其定期沟通，可通过见面或打电话等方式，以维系感情并保持良性互动。在定期沟通中，保险代理人可以了解客户对保险产品的满意度或者其他需求，并随时更新客户资讯，如客户是否变更地址。

### 2. 定期刊物

有些客户对保险比较感兴趣，想进一步了解保险产品的发展趋势，或对自己所购买保单的内容比较关心，希望能够了解保险公司定期提供的最新保险产品的介绍和相关资讯，保险代理人可提供定期刊物给他们翻阅。

### 3. 社会回馈

由于保险意识增强了，消费者对保险公司应尽的社会责任的期望也越来越高。保险公司的社会回馈行为与其公司形象有关，而消费者通常偏向于向形象较好的公司购买寿险等保险产品。所以，消费者也可能将一家保险公司所做的社会回馈的多少，当作选择保险公司的参考条件。

### 4. 收费通知

有些客户认为保险公司在收费之前预先通知客户的做法很值得赞赏，但还可以做得更好，如收费通知单可以不用公式化，最好能够有创意，而且应朝着人性化、温馨化的方向去设计。

### 5. 赠送礼品

中国是礼仪之邦，历来注重礼尚往来。一张生日贺卡、年节贺卡或一份日历，不但传达了保险公司或保险代理人对客户的祝福之意，而且也表达了对客户的关怀。这样做，不但可以增进与客户之间的感情，而且也可以让客户对保险公司或保险代理人更有认同感。

### 6. 教育训练

客户对教育训练的需求主要来自于对提高自身基本保险常识的期望。客户也希望在教育训练的过程中多认识一些朋友。客户可以了解接受服务的状况，以便在自己受到较差服务时，可以向保险公司或保险代理人提出争取改善服务。

### 7. 收费方式

保险公司派收费员亲自收费的方式太过麻烦，也可能会给客户造成困扰，如客户可能不在家，或为了等收费员来收费，还得搁下其他事情不能去办。因此，保险公司可以开通银行或邮局转账渠道，以方便客户缴费，也可以派人到客户上班的地点收费。

### 8. 更改契约

当客户的需求或经济能力改变时，往往需要保险公司提供契约转换的服务。保险公司或保险代理人对契约转换服务的被动、消极或拖延等做法，常常会给客户留下不好的印象。因此，弹性的契约转换方式，是客户较重视的售后服务项目。

### 9. 海外救援

随着我国经济的发展和人民生活水平的提高，出国旅游和因公出国的机会越来越多，这让不少消费者产生了危机意识。这种现象，除了会直接增加旅行平安保险的销售外，也产生了客户出国期间的海外急难救助业务。

### 10. 路途营救

为了争取更多的客户，不少保险公司都提供路途营救的额外服务。随着竞争的加剧，客户在购买保单时往往会向保险代理人要求这一售后服务。

**拓展训练**

向客户递送保单时，要做好哪些准备工作？应注意哪些细节？

1. ______________________________

2. ______________________________

3. ______________________________

# 售后服务的方法

**培训师的话**

保险行业是一个突出服务性质的行业，在服务至上的社会里，服务的质量与商品的质量一样重要。

## 一、定期服务方法

保险代理人应当注意，当你忘记客户的时候，客户也会忘记你。定期服务便是最能让客户记住你的服务方式。

每个客户都有自己值得纪念的日子，这些日子正是保险代理人提供定期服务的好时机。

比如，客户的生日，别忘了给他寄上生日贺卡，或寄份生日小礼物；客户的结婚纪念日，可以对他表示祝贺，或者送去小小的纪念品；新春佳节、元旦、圣诞节等节日，也是提供定期服务的好时机。

### 1. 节庆问候

逢年过节，许多人都会收到亲朋好友的问候。如果保险代理人能在这时给客户送去一个问候，会让客户感受到保险代理人对自己的关心，他们会感觉很温暖，甚至会觉得是意外的惊喜。

问候的方式可以有许多种，可以电话问候、传呼问候，也可以寄送贺卡。对于一些大客户，保险代理人应上门看望，并向客户对自己业务的支持表示感谢。

**七巧板**

> 如果条件具备，保险代理人也可以向客户赠送一些小礼物，这样可以收到事半功倍的效果。

### 2. 生日问候

生日对每个人都非常重要，如果保险代理人能记住客户的生日，届时送上一份祝福或小礼物，会立刻拉近保险代理人和客户之间的距离，客户会非常感激保险代理人对他的关心，会以对其业务上的支持来回报保险代理人。

### 3. 定期问候

定期问候是所有保险代理人都应养成的良好习惯，优秀的保险代理人都有定期问候客户的习惯，他们会每隔一段时间就和客户联系一次，询问客户的身体情况或工作情况，或关心一下投保标的现状；也可能什么都不问，只是问候一声。定期问候可以帮助保险代理人维系与客户之间的长久关系，使双方的联系更稳定。定期问候应视不同的险种来决定时间间距和时机。

比如，机动车保险代理人可以在每年车辆年检到期时或客户驾驶证件到期时，提醒客户及时对车辆和驾驶执照进行年检。除此之外，还可以在换季时提醒客户及时维修和保养车辆。

## 二、不定期服务方法

不定期与客户沟通、为客户提供服务是保险代理人在实际活动中应当认真完成的。

当客户升职时，一定要给他去个电话，表示祝贺；当自己升职时，也要给客户发去感谢函，感谢他的惠顾；当客户家中有喜事时，要送些小礼物表示关怀；当自己所在的保险公司举办联谊活动时，可以通知自己的客户参加；也可以不定期举办聚会，帮助客户开拓社交圈。这些都是提供售后服务的方法。

### 1. 登门拜访

为使客户真正感受到保险代理人对他的关心，在为他提供售后服务时应该大方自然，不要让客户觉得保险代理人是有备而来，要达到什么目的才这么做的；也不一定要花费很大，或占用客户很多的时间。

### 2. 书信问候

如果售后服务都集中在逢年过节，那么保险代理人会显得十分繁忙，所以不妨利用书信的方式与客户保持联系。信函不必太长，简单的几句问候语、寄一些相关资料就可以了。只要你心中有客户，并时时让他们感受到，就能使他们感觉到你的诚意。

### 3. 电话或网络问候

通信事业的发达，为保险代理人做好售后服务工作提供了多种途径。每天抽出一点时间来给客户打电话，分期分批地进行联络，既不会冷落客户，又不会让自己太被动。传真机大部分都在办公场所，传真贺卡，让客户的同事看到你对他们的祝福，这样可以扩大你的影响力，更能强化你在客户及客户同事心中的印象，借此提升你的名声，并可得到客户的转介绍。而通过互联网给客户发电子邮件，则更迅速快捷。

**拓展训练**

为了提升保险公司以及保险代理人的形象，售后服务还要加强哪些方面的工作？

1. ________________

2. ________________

3. ________________

# 第十章

# 融入团队，成就自己的利器

## 情景导入

邓老师："前面我们学习了作为一个保险代理人，如何去开拓、拜访客户；如何与客户沟通，化解客户的拒绝，处理客户的异议，以达成最终的交易；如何做好售后服务，以赢得客户的信任。这些，都是保险代理人必须具备的能力，相信大家经过这一段时间的学习，在今后的工作中会更加出色。"

"不知大家有没有注意到，在专业化分工越来越细、竞争日益激烈的现代职场，靠一个人的力量是无法面对千头万绪的工作的，如果你能把自己的能力与别人的能力结合起来，就会取得令人意想不到的成就。"邓老师接着说道。

小陆说："是的，我们公司的保险代理人就是以团队合作的组织形式存在的。公司不倡导单打独斗，鼓励团队成员合作，就是为了尽可能地发挥组织的力量，提高组织的效能。"

小马说："我们公司也是强调团队合作，鼓励合作精神。"

小文说："我们公司也一样，每次去拜访客户，我都是和同组同事一起去的。"

……

看到大家纷纷发言，邓老师总结道："不错，团队协作是一切事业成功的基础，个人和集体只有依靠团结的力量，才能把个人的愿望和团队的目标结合起来，超越个体的局限，发挥集体的协作作用，产生"1+1>2"的效果。

一滴水唯有融入大海才不会干涸，大海唯有不断容纳新水源才不会枯竭。个人与团队，就是水滴与大海的关系，相互依存，相互推动。个人唯有融入团队，才能掀起事业上的惊涛骇浪，铸就成功梦想。

单丝不成线，独木不成林，一根筷子容易被折断，十根筷子抱成团可就不易折断了。个人的力量终究有限，只有把自己很好地融入团队，才能让自己得到最好的发展。一个人只有学会与人合作，依靠团队的力量，才能让自己的事业不断向前发展。

下面，我们就来探讨个人如何融入团队这方面的内容吧。”

# 少说多做，让人接纳

培训师的话

做得多，才能被认可；光说少做，做得少说得再多也不会得到大家的认可。说得多做得少、推诿、拖拉、敷衍了事只会阻碍你的事业发展，唯有脚踏实地、认真做事的态度才能够帮助你登上职业生涯的顶峰。

## 一、少说多做的原则

少说，并不是让我们不说，而是让我们说该说的话，恰如其分地说话，绝不可胡说、乱说。多做，当然指办事迅速、有效率。当你接到一个任务就赶快去做吧，能做到多好就做到多好，能做到多快就做到多快。

不要小看任何一件小事，每件小事都意味着一次机会。复印机没纸了，悄悄地给加上；饮水机没水了，主动给送水公司打个电话……多做点这类看似鸡毛蒜皮的小事并非大材小用，它们往往最能给人留下好印象。

那么，在职场中我们如何做到少说多做呢？其原则如下图所示。

少说多做的原则

### 1. 尽量少说话

在不得不说的情况下，尽量少说，不夸夸其谈，不乱讲滥说，不信口雌黄，不乱发议论。言多必失，多言多失，少言少失，不言不失。凡事能不说就不说，尤其是与自己无关的事，不要说。

少说为佳，话点到为止，并不是不说，而是要会说话，在适当的时间、地点、场合说出恰当的话，也就是把话说对时间，说对地点，说到点子上，把直话说圆，说得头头是道，妙语连珠，人人爱听，个个喜欢。

### 2. 不说空话、假话

说到做到，不空谈，是人的道德内涵所要求的。整天空话连篇，不干实事，最终将会一事无成。假话一旦被揭穿，便会失去大家的信任。假话说多了，会导致说话无人听、办事无人理，成为大家厌烦的人。

### 3. 不传播流言蜚语

世上没有十全十美的人，随随便便说人短处，轻轻松松揭人隐私，不仅影响团结，且足以表现你为人的卑鄙。听到流言，到我为止，一听了之，不做传声筒，不向外传播，不记于心间。

办公室如果流言四起，一定会挑起事端。如果自己幸免没有卷入这场事端，那么做出一副高高在上、事不关己的姿态吧，千万不要凑热闹成为一分子，最终让自己成为一个靶子。因为搞事的人多了，事态一定会越来越严重，更何况流言只会越传越盛、越传越错。

七巧板

制造和传播流言的人一定有见不得光的目的，只可惜后面跟着传播的人，都成了帮凶。

### 4. 主动找事情做

对于职场新人来说，一定要主动去做那些不起眼的小事。其实，职场新人都难免经历这样的“蘑菇期”——被搁在阴暗的角落，自生自灭。成了“蘑菇”并不可怕，只要留心每个细节，就能学到很多东西。就拿跑腿来说，不仅能熟悉一件事情的处理流程，还能获得与其他同事沟通的机会。对于职场新人来说，要多做事，少说话，而且要经受“蘑菇期”的不断打磨，这样才可能成就大事。

### 5. 认真做好每一件小事

在工作中，愿意把小事做细的员工最终会脱颖而出。遇到大事，谁都会认真处理，谨慎对待，但有的时候责任心却体现在琐碎的小事上。很多职场新人往往忽略了这一点，对此不屑一顾。对于职场新人来说，做每件工作、每件事情，都是在向上司或同事展示自己的学识和价值，只有做好每件事，才能真正赢得信任。

### 6. 把试用期当成重用期

在进入试用期后，应尽快调整好自己，努力适应工作节奏，正确处理人际关系，千万不要把在大学里养成的坏习惯——迟到、早退、请假当成家常便饭，让人觉得你没有敬业精神，如此则很难成为企业长期培养的人选。

职场新人是一张白纸，由于欠缺经验一般不会被委以重任，往往是做些辅助性的琐碎工作，但不能因为事小就不认真对待，敷衍了事。如果连小事都做不好，谁敢把大事交给你呢？无论做什么事情，都应该尽心尽力，一丝不苟，也许在我们眼里微不足道的细节，实际上却事关重大。

## 二、少说多做的法则

对于刚入职场的新人来说，一定要学会多做一些，因为只有这样你才会比别人学会更多的东西，才会比别人更快成长。你表现得好，别人才会愿意多多帮助你。

### 1. 多做些什么

多做一些对别人和自己都有意义的事，比如：你的同事没有完成任务，你可以帮助他一下；你的上司需要人手帮助，你要主动地帮助一下；即使不是你分内的工作，在没有人做的情况下你也要主动去做。这里的多做一些是做自己力所能及的事，千万不要好高骛远，以免适得其反。

我们多做一些不是为了讨好上级，只是为了让自己多学一些东西，以增长自己的能力和为日后的发展铺好道路。

多做的方法是做到“三勤”，如下图所示。

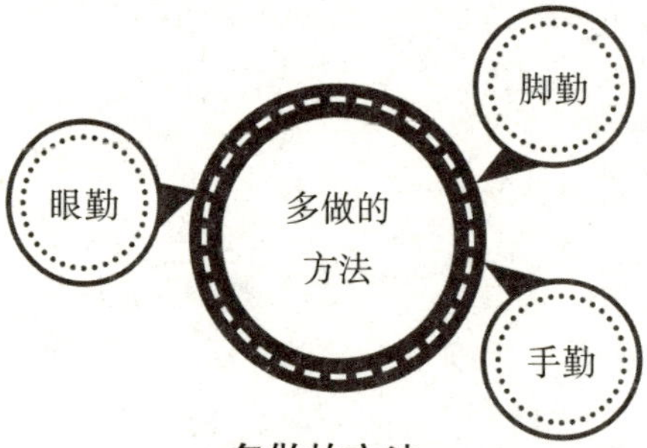


多做的方法

眼勤，就是多观察别人的言外之意，锻炼发现问题及处理问题的能力。

脚勤，就是办事不要拖沓，要有紧迫感，帮助别人做的事要尽快做完，锻炼出雷厉风行的办事风格。

手勤，就是动手要快，懂得领会别人的意图，锻炼出思维推理能力。

### 2. 多做一些是主动做，而不是被动做

主动和被动在行为学上的区别很大，主动是积极的行为，被动是消极的行为；主动会赢得别人对你的尊重，被动会让别人对你不满。所以我们要学会主动地做事，不论是为别人还是为自己，主动积极是成功的必备因素之一。在此基础上不要计较别人说什么，比如说你是“菜鸟”等，也不要在乎别人怎么想和怎么看待你，比如说你在“显和装”等，重要的是你认为这样做是对的，对集体和大家都有利的事，就主动去做。记住，真理始终掌握在少数人的手里。

### 3. 敢想敢做

敢想不等于空想，更不等于胡思乱想。敢想有两层意义，如下图所示。

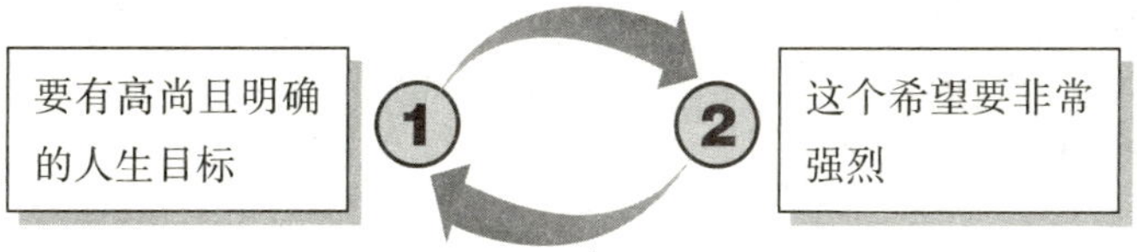


**敢想的意义**

敢做不等于胆大妄为，更不是违法乱纪。敢做也有两层意义，如下页图所示。

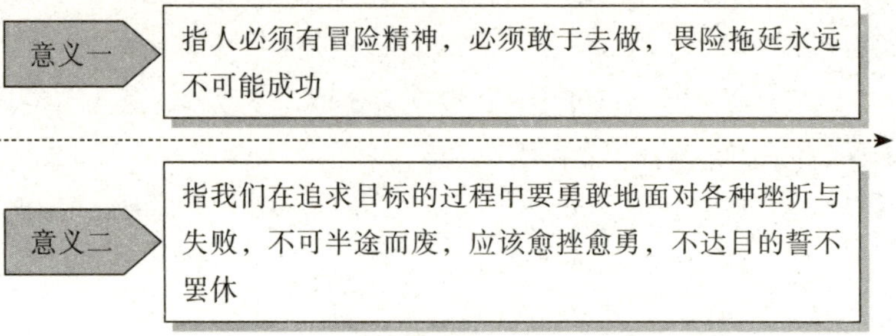


**敢做的意义**

敢想才能敢做，不要抱怨自己的命运不好，要明白行动就是力量，唯有行动才能改变你的命运。

## 三、低调做人、高调做事

低调做人就是用平和的心态看待世间的一切。低调做人，更容易被人接受。高调做事是一种境界，不仅可以激发人的志气和潜能，而且可以提升做人的品质和层次。那么，如何才能做到低调做人、高调做事呢？其要求如下图所示。

**低调做人、高调做事的要求**

### 1. 在姿态上要低调

无论在官场、商界还是政治及军事斗争中，低调做人都是一种进可攻、退可守，看似平淡、实则高深的处世谋略。“道有道法，行有行规”，做人也不例外，用平和的心态去对待人和事，也是符合客观要求的，因为低调做人才是打开成功之门的钥匙。低调做人，往往是赢取对手的资助，最后不断走向强盛，伸展势力再反过来使对手屈服的一条有用的妙计。

### 2. 在心态上要低调

不要把自己太当回事，如此才不会产生自满心理，才能不断地充实、完善自己，缔造完美人生。低调做人，不要小聪明，让自己始终处于冷静的状态，在低调心态的支配下，兢兢业业，才能做成大事。

### 3. 在行为上要低调

过分地张扬自己，就会经受更多的风吹雨打，暴露在外的“椽子”自然要先腐烂。一个人在社会上，如果不合时宜地过分张扬、卖弄，那么不管多么优秀，都难免会遭到明枪暗箭的攻击。

### 4. 在言辞上要低调

凡事应三思而行，说话也不例外，在开口说话之前也要思考，确定不会伤害他人再说出口，如此你才能得到别人的尊重和认可。礼让不是人际关系上的怯懦，而是把无谓的攻击降到零。得意时要少说话，而且态度要更加谦卑，这样才会赢得朋友们的尊敬。

### 5. 在思想上要高调

高调做事是一种责任，一种气魄，一种精益求精的风格，一种执着追求的精神。所做的哪怕是细小的事、单调的事，也要体现自己的最高水平，体现自己的最好风格，并在做事中提高素质与能力。

### 6. 在细节上要高调

看不到细节，或者不把细节当回事的人，对工作缺乏认真的态度，对事情只会敷衍了事。而注重细节的人，不仅会认真地对待工作，将小事做细，并且能在做细的过程中找到机会，从而使自己走上成功之路。

**拓展训练**

在一个团队中，少说多做有什么好处？如何做到少说多做？多做要做些什么？

1. ________________

2. ________________

3. ________________

## 学会合作，让人认可

**培训师的话**

一个篱笆三个桩，一个好汉三个帮。在当下“合纵连横”的大趋势下，个人主义及英雄情结已经被打得无影无踪。相反，集体力量、团队协作备受推崇。快速融入团队，让团队中的同事接纳你，成为职场新人的首要任务。

### 一、扮演好自己的团队角色

与人合作的前提是找准自己的位置，扮演好自己的角色，这样才能保证团队工作的顺利进行。若站错位置，乱干工作，不但不会推进整体的工作进程，还会使整个团队陷入混乱。

要想扮演好自己在团队中的角色，必须做到下图所示的几点。

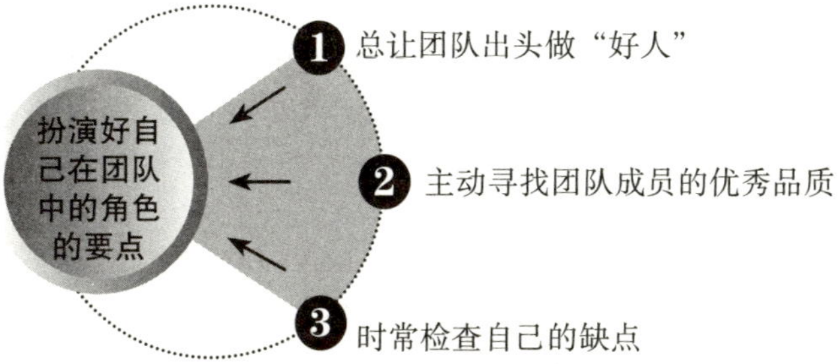


扮演好自己在团队中的角色的要点

### 1. 总让团队出头做“好人”

在工作中，不要直接否决团队的决定，始终让团队作为与客户打交道的主体。如果可能的话，也要让团队与上级打交道。如果你不得不插手，就公开支持自己的团队。实在需要做出什么改动，那就同团队成员私下解决，并把功劳让给团队。让客户觉得在你这儿得到的承诺，远不如在团队那儿得到的多，最好让上级也产生同感，这样，他们就会养成与团队直接打交道的习惯。

站在员工个人的角度来讲，让客户与上级直接和团队打交道可以使工作更加轻松；站在团队的角度讲，让团队成为主体可以使团队的运作更有效率，这是真正的一举两得。

### 2. 主动寻找团队成员的优秀品质

在一个团队中，每个成员的优缺点都不尽相同，你应积极寻找团队中其他成员的优秀品质，并且向其学习，使自己的缺点在团体合作中减少以至消失。在提升自己的同时，提升团队成员之间合作的默契度，进而提升团队执行力。团队强调的是协同，较少有命令和指示，所以团队的工作气氛很重要，它直接影响着团队的工作效率。如果你积极寻找其他成员的优秀品质，那么你与团队的协作就会变得更加顺畅；你自身工作效率的提高，也会使团队整体的工作效率得到提高。

### 3. 时常检查自己的缺点

在改变工作角色之后，你应该时常检查自己的缺点。比如，自己是否依旧对人冷漠，或者依旧言辞锋利。对人冷漠和言辞锋利是扮演好团队成员角色的一大障碍。

团队工作需要成员之间不断地进行互动和交流，如果你固执己见，难以与他人达成一致，你的努力就得不到其他成员的理解和支持，这时，即使你的能力出类拔萃，也无法促使团队创造出更高的业绩。

如果你意识到了这些缺点，不妨通过交流坦诚地讲出来，承认缺点，让大家共同帮助你改进。不必担心别人的嘲笑，你得到的只会是理解和帮助。

**七巧板**

一个优秀的员工必须树立以大局为重的观念，不斤斤计较个人利益和局部利益，将个人的追求融入团队的总体目标中，从自发地遵从到自觉地培养，最终实现团队的最佳整体效益。

## 二、集思广益，听取他人的建议

工作如果向着正确的方向，就会事半功倍；如果向着错误的方向，则会事倍功半。因此，找到正确的方向是相当重要的。但遗憾的是，单凭我们个人的能力和经验，可能并不能迅速准确地找到正确的方向。因为当一项全新的、完全陌生的工作放在我们面前时，我们常常会不知所措，找不到头绪。即使是曾经做过的工作，我们也不一定能找到最准确的方向，用最快捷有效的方法完成它。这时我们就需要别人的帮助，要向那些能力更强、见解更独到、经验更丰富的同事请教，怀着感恩之心热情地对待同事的批评和建议——即使这些批评和建议十分不中听，也要认真地加以对待。

### 1. 向专业人士请教

向专业人士请教自己不懂的问题是一种非常宝贵的素质，它可以提升我们的能力，拓展我们的知识面，使我们的工作能力变得更强，更重要的是，请教别人还有利于我们建立良好的人际关系，因为每个人都希望自己对于别人而言是重要的。

### 2. 善于听取他人的建议

有时，即使我们并未主动请教，别人也会对我们的工作发表一些自己的意见。千万不要对这种意见产生反感，不管意见是对是错，我们都要真诚地向对方道谢，并客观地评价这些意见。这些意见通常都极其有价值，可以为我们提供一个崭新的工作思路或为我们开辟出一段崭新的职业生涯。

**七巧板**

善于倾听别人对自己工作的建议，是一种对别人眼光、见识、经历、智慧、创意的吸收和学习，通过这种方式，我们能够不断地改善自己的工作，提升自己的能力，而那些自以为是的人则常常会为此付出代价。

## 三、建立自己的人际网络

哈佛大学商学院曾经做过一个调查，发现在事业有成的人士中，一部分靠工作能力，少部分靠背景，而靠好的人际关系的占了大部分。可见，要想成为顶尖人才，不仅要提升你的才能，更重要的是要拓展你的人脉，提升你的人脉竞争力，只有这样，你才会脱颖而出，取得事业的成功。

### 1. 丰富的人际资源可使工作更加得心应手

一个人在人际关系、人脉网络上的优势，就是人脉竞争力。哈佛大学为了了解人际能力在一个人取得成就的过程中起着怎样的作用，曾针对贝尔实验室顶尖研究员做过调查。他们发现，在被大家认同的专业人才身上，专业能力往往不是重点，关键在于“顶尖人才会采取不同的人脉策略，这些人会多花时间与那些在关键时刻可能对自己有帮助的人培养良好关系，在面临问题或危机时便容易化险为夷”。他们还发现，当一名表现平平的实验员遇到棘手问题去请教专家时，却往往因没有回音而白白浪费时间；而顶尖人才则很少碰到这种问题，因为他们在平时就建立了丰富的资源网，一旦前去请教，立刻便能得到答案。

一个人一旦踏入职场，光有主动性是远远不够的，要想把事情做好，还必须建立起自己的人脉网络。因为你掌握的知识是有限的，无法独立完成所有任务，你必须知道谁懂得你不知道的信息。即使优秀的工作者，也需要一个庞大的人脉体系来帮助他完成工作。

### 2. 在需要之前就建立人脉网络

在你需要时再去建立自己的人脉网络，就已经晚了，这是一个非常简单的道理。所以，平时就应注意搜罗网络中的专家，建立并不断扩大你的网络，一旦需要哪些专家帮助，立即就能受益。若平时不注意，当你需要获得专家的支持的时候，就会发现无法跟对方沟通。即使硬着头皮给专家打电话，往往也会遭到对方的婉言拒绝，此时只能从别的渠道搜集需要的信息，结果虽然花费了大量的时间，搞到手的却大多是些无用的信息，既贻误了工作，又影响了工作质量。

### 3. 不断完善自我，提高个人魅力

素质高而有魅力的人容易得到别人的接纳，这是人之常情。所以要不断完善自我，提高个人魅力。

（1）在交往中要注意礼仪。

这表现在你的着装、谈吐、一举一动之中。谦谦君子比一般人更容易获得对方的好感，窈窕淑女同样更能给对方留下好的印象。这关系到你能否顺利打开对方的心灵之门。

（2）懂得尊重别人。

要懂得尊重别人，尊重别人的信仰、生活习惯等，让人觉得你是一个可交往的人。

（3）提高自己的专业素质。

最好在某一方面小有成就，提高自己的档次。因为人人都喜欢与优秀的人交往，渴望与比自己优秀的人建立关系。专家也一样，所以你的素质越高，他对你的热情就越高；反之，即使他答应帮你忙，也可能只是敷衍了事。

### 4. 遵守信息互享的原则

你需要从专家那里获取有用的信息，同样，专家也需要从他人身上获取信息，如果你提供给专家的信息让专家获益匪浅，专家自然在心里感谢你，在你需要他帮助时，他肯定毫不犹豫地尽最大可能帮助你。这样，你就和专家形成了信息互享的良性循环，你和专家就成为彼此人脉网络里不可缺少的人。

**拓展训练**

在团队中与人合作对自己有什么好处？如何才能取得团队的支持？

1. ____________________

2. ____________________

3. ____________________

# 善于沟通，让人支持

培训师的话

培养良好的沟通能力，是妥善处理人际关系的基石。良好的沟通能力能使你更快地融入团队，也可以帮助你尽快熟悉工作流程，明确工作责任，在遇到困惑和不解时，能得到有效的帮助，有利于工作的开展。

## 一、学会与上司沟通

职场中人与人之间的沟通主要是通过面对面接触来实现的。在一个团队里，作为下属，只有主动跟上司做面对面的接触，把自己真实地展现在上司面前，才能令上司认识到你的才能，才会有被赏识的机会，才能让自己工作起来游刃有余。

一般而言，下图所示的是上司所欣赏的沟通方式，职场新人可在与上司的沟通中参考运用。

1. 沟通越简洁越好
2. 沟通应不卑不亢
3. 沟通需择机而动
4. 沟通时保持平常心
5. 用聆听开创沟通新局面
6. 不能为抬高自己而贬低别人
7. 用能力说服上司
8. 用轻松幽默的口气说话

与上司沟通的方式

### 1. 沟通越简洁越好

领导层的人大多工作比较繁忙，事情很多，因此，你在与上司沟通时，要想引起上司的注意并很好地与上司进行沟通，语言就应该简洁明了，不要长篇大论。

### 2. 沟通应不卑不亢

作为下属，在与上司沟通时应大方自然，不要慌乱或不知所措。不可否认，上司喜欢下属对他的尊重。然而，“不卑不亢”这四个字是最能折服领导的。下属在沟通时尽量迁就上司本无可厚非，但过分地迁就或吹捧就会适得其反，让上司心里产生反感，反而妨碍了下属与上司的正常关系和感情的发展。所以，作为下属，在言谈举止之间应表现出不卑不亢的样子，与上司从容对答。这样，上司才会认为你很有风度，可以委以重任。

### 3. 沟通需择机而动

现代心理学证明：人在情绪不佳、心有忧惧等低落状态下较之平常更容易悲观失望，思维迟钝且惰于思考，情绪波动大并容易产生过激行为。上司也是人，也无法摆脱这一规律的影响。所以，作为下属，沟通时一定要择准时机，不要在上司情绪不佳时与之沟通，此时是没有什么效果的。

另外，所沟通的内容可与当时的情景联系起来，对上司形成心理暗示，从而更好地触动上司，达到沟通的目的。

### 4. 沟通时保持平常心

在与上司的沟通中，应保持一颗平常心，和上司平等自然地交流。特别是在谈话时，不以针锋相对的形式令对方难堪，应能够充分理解对方，这样的沟通结果才会是皆大欢喜的。

### 5. 用聆听开创沟通新局面

理解的前提是了解。在沟通过程中，下属不要只顾陈述自己的观点，应适时听取上司的意见，了解上司的观点。以足够的耐心去聆听上司的观点和想法，能达到满意的交流效果，使沟通更顺畅。

### 6. 不能为抬高自己而贬低别人

主动与上司沟通时，千万不要为标榜自己而刻意贬低他人。在背后说人坏话的行为，会使上司对你产生怀疑。同样，当你表达不满时，要记住一条原则，那就是所说的话对事不对人。不要只是指责对方做得如何不好，而要分析做出来的结果有哪些不足，有哪些需要改进。这种对事不对人的态度会让你得到上司的好感。

### 7. 用能力说服上司

对于日新月异的科技、变化迅猛的潮流，你都应保持应有的了解。广泛的知识面可以支持自己的论点。你若知识浅薄，对上司的问题就无法做到有问必答、条理清晰。而当上司得不到准确的回答时，他就会对你失去信任。

### 8. 用轻松幽默的口气说话

轻松幽默的话题往往能引起感情上的愉悦，庄重严肃的话题会使人紧张慎重，只要有可能，最好能把庄重严肃的话题用轻松幽默的方式说出来，这样上司可能更容易接受。

**七巧板**

不同的上司喜欢不同的沟通方式，下属在与上司沟通时，必须懂得自己的上司有哪些特别的沟通倾向。这对沟通成功与否至关重要。

## 二、学会与同事沟通

职场交往中，与同事沟通的好坏直接影响着每个人在事业上的发展。在这样一个竞争激烈的时代，取得领导和同事的认可，赢得他人的支持和配合，对于促进自己事业的成功尤为重要。

那么，职场人如何与同事有效地沟通呢？其窍门如下图所示。

与同事有效沟通的窍门

### 1. 乐于帮助别人

在沟通理念中，帮助别人是提高沟通效果的基础，也是建立良好人际关系的关键因素。乐于助人的同事会产生一种吸引力、向心力，人们愿意与其交往，利于合作共事。要记住，帮助别人就是帮助自己，不断地付出，点点滴滴的闪光点就会连接起来形成一个人格光环，那么，沟通起来也就顺利多了。“我能为你做点什么？”是进行完美沟通的奥秘。

### 2. 坦诚相见

坦率和真诚地对待自己的同事，不存疑虑，坦诚相见。这是获得同事信赖的法宝。

### 3. 赞美欣赏

能够看到同事身上的优点，并及时给予赞美、肯定，对同事的一些不足给予积极的鼓励。这是良好沟通的基础。

一定要记住一点：可以在背后赞美你的同事，但是不要在背后议论你的同事。这样做了，你就一定能受到同事的喜欢。

### 4. 少争多让

虽然说同事之间有竞争，但是这种竞争毕竟是内部的，没有必要争得不可罢休。换个角度来说，你帮助同事获得荣誉，不仅同事会感谢你，而且还能增添你的人格魅力。远离争论，否则只会让双方都受到伤害，百害而无一利。

### 5. 善于倾听

善于倾听是完美沟通的重要因素。当同事心情不愉快向你倾诉时，你一定要认真倾听，成为他真诚的倾听者，这样会加深同事之间的情感。当然，如果下次你有什么事情需要对方帮忙时，他也会很乐意的。

### 6. 容忍异己

每个人都有自己独立的思维方式和行为方式，不要妄图改变任何人，要认识到改变别人对于沟通而言是徒劳的，甚至是有害的。

### 7. 巧用语言

沟通中的语言至关重要，所以，在语言的选择上，应该以不伤害他人为原则，要用委婉的、鼓励的、幽默的语言。

### 8. 理解宽容

如果在沟通时发生误解和争执，一定要换个角度，站在对方的立场为对方想想，理解对方的处境。千万不能情绪化，要知道，这样做只会使沟通陷入困境，而不会有任何正面的帮助。

### 9. 不要利用对方

我们都知道，在与人交往的过程中，最忌恨的就是被别人利用。

同样，在和同事沟通中，千万不要想着去利用对方，否则，不仅会导致沟通失败，甚至还会使交际失败、工作失败。

### 10. 明确定位

同事之间的关系更多是一种利益上的结合，所以在沟通时，每个人都会从多方面权衡，充分维护各自的利益。倘若在沟通过程中，由于种种原因与同事发生了矛盾，应该冷静协调，以期化干戈为玉帛。

## 三、把握沟通的分寸

不管做什么事情都要有一个度。这好比一个参照点，超过了这个点，可能就会产生不良的影响，正所谓过犹不及。

与人沟通时，需要讲究说话的分寸，否则将会导致沟通障碍并在人际关系上产生隔阂。具体如下图所示。

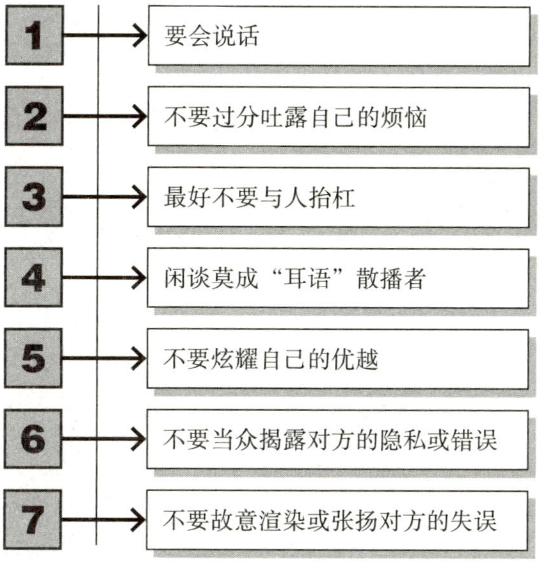


把握沟通的分寸

### 1. 要会说话

一个会说话的人肯定是社交圈中的高手，肯定有好人缘；而一个不会说话的人肯定是一个与成功无缘的人，即使有所成就也是有限的，因为说别人不爱听的话，无异于给自己的成功设置障碍。真正伤害心灵的不是刀子而是比刀子更厉害的语言。你在办公室与同事说话时有可能会给同事造成伤害，这时你必须慎之又慎。与其说直来直去的人是豪爽，还不如说他说话做人太简单。直语易伤人，何不绕个弯儿？同样的意思、同样的目的，绕个弯儿能圆满，何必要弄得既达不到目的又得罪对方呢？

### 2. 不要过分吐露自己的烦恼

有许多爱说话、性子直的人，喜欢向同事倾吐苦水。虽然这样的交谈富有人情味，能使你们之间变得友善，但是研究调查指出，只有不到1%的人能够严守秘密。所以，当你的个人危机如失恋、婚外情等发生时，你最好不要到处诉苦，不要把同事的友善和友谊混为一谈，以免成为办公室的焦点，也容易让别人拿这些事作为攻击你的武器，同时给上司留下问题员工的印象。

### 3. 最好不要与人抬杠

有些人喜欢争论，而且一定要胜过别人才肯罢休。这是一种很不好的行为，因为办公室不是一个适合争辩的场所。在争辩过程中，无论谁输谁赢，都没有真正的赢家，即使你口头上赢了对方，你也会因此而得罪他，因为你损伤了他的自尊。他很可能因此而怀恨在心，随时准备报复你，即使不报复，你也会在他心里留下芥蒂，不利于你们以后的交往。

### 4. 闲谈莫成“耳语”散播者

有这样一句古语：“谁人背后无人说，哪个人前不说人？”只要有人的地方，就会有闲言碎语。比如，老板喜欢谁？谁最吃得开？

谁又有绯闻……各种各样的消息在办公室里到处传播。因此，身在职场一定要学会明哲保身，一定要懂得沉默是金，不该说就绝对不要乱说，千万不要成为“耳语”散播者。因为，有时你可能不小心成为“放话”的人，有时你也可能是别人“攻击”的对象。

### 5. 不要炫耀自己的优越

有些人喜欢与人共享快乐，但涉及你工作信息的，比如，即将争取到一位重要的客户、老板暗地里给你发了奖金等，最好不要拿出来向别人炫耀。只怕你在得意忘形中，忘了某些人已经眼睛发红。

### 6. 不要当众揭露对方的隐私或错误

有人喜欢当众谈论对方的隐私或错误。心理学研究表明，谁都不愿让自己的错误或隐私在公众面前曝光，一旦曝光，就会感到难堪而恼怒。因此在交往中，如果不是为了某种特殊需要，一般应尽量避免触及这些敏感区，以免使对方当众出丑。必要时可采用委婉的话暗示你已知道他的错误或隐私，让他感到有压力而不得不改正。知趣的、会权衡利弊的人只需点到为止，一般对方是会顾全自己的脸面而悄悄收场的。

### 7. 不要故意渲染或张扬对方的失误

在职场上，人们常会碰到这类情况：讲了一句外行话，念错了一个字，搞错了一个人的名字，被人抢话，等等。发生这类情况，对方本已十分尴尬，深怕更多的人知道，你如果作为知情者，一般来说，只要这种失误无关大局，就不必大加张扬，故意搞得人人皆知，更不要抱着幸灾乐祸的态度，以为“这下可抓住你的笑柄啦”，来个小题大做，拿人家的失误来做笑料。因为这样做不仅对事情的成功无益，而且由于伤害了对方的自尊心，你将结下怨敌。同时，也有损你的社交形象，人们会认为你是个刻薄饶舌的人，会对你反感、有戒心，因而敬而远之。所以，渲染他人的失误，实在是一件损人而又不利己的事。

**七巧板**

只要我们在人与人之间的交往中多用心观察，注意一些细节，讲究一下说话的方式，掌握好分寸，就会发现其实有效沟通并不难。而你也能够因此增加个人魅力，拥有良好的人际关系。

**拓展训练**

在团队中，与上司、同事之间沟通分别要注意什么？如何把握与同事相处的分寸？

1. ______________________________

2. ______________________________

3. ______________________________